3·4·5세 누리과정 지도교사를 위한

유아미술교육 창작활동

| 홍수현 저 |

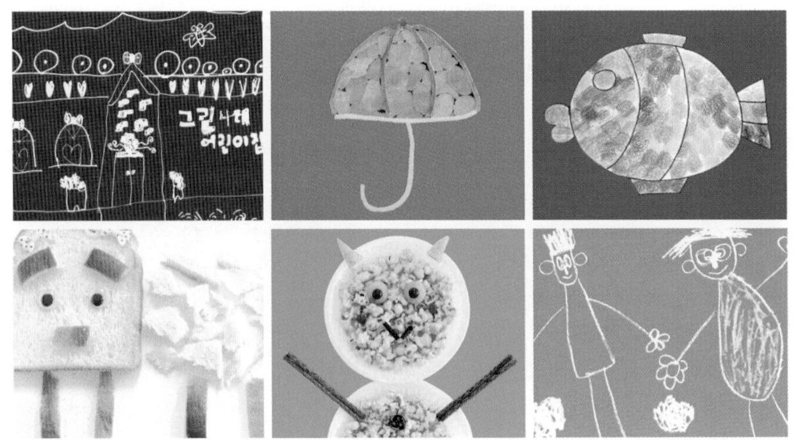

머리말

미술활동은 유아의 근본적인 표현 욕구와 창의성 개발은 물론 긍정적인 자아개념 발달에 도움을 준다. 특히 미술활동이 다른 발달영역과 통합된 형태로 경험될 경우 유아의 전인적 발달에도 크게 기여할 수 있다.

유아의 미술활동은 자신의 생각이나 느낌을 보고, 듣고, 만지고, 느끼는 과정을 통해 창의적으로 표현하는 경험중심의 활동이라고 할 수 있다.

저자는 시대적으로 급변하는 유아교육현장에 적응하며 유아에게 필요한 미술활동을 지도하는 교사에게 도움을 주기 위해 유아미술에 대한 여러 가지 이론적 접근과 '2013년 3~5세 연령별 누리과정' 지도서를 참조하여 이 책을 출간하게 되었다.

'1장 아동미술표현의 발달단계' 에서는 아동미술에서 나타나는 특징인 평면미술의 발달단계를 연구한 로웬펠드, 켈로그, 김정 등의 이론과 아동미술에 나타나는 시각적인 평면미술의 특징인 난화, 두족인, 기저선, 투시적 표현, 시공간의 동시표현, 반복적 표현, 나열식 표현, 자기중심적 표현, 의인화에 대해 기술하였다. 또한 입체미술의 발달단계인 탐색기, 분화기, 완성기에 관한 이론과 입체미술의 특징인 평면적 표현, 반입체적 표현, 종합하여 만들기, 놀이활동과 관련된 이론에 대해서도 언급하였다.

'2장 유아미술의 이해' 에서는 유아미술의 개념인 생활 속 미술, 전인적 교육을 위한 미술, 유아미술교육의 지도방향, 유아미술교육의 목표와 유아미술의 효과로 나타나는 유아의 성장 · 발달, 개성과 창의성 발달, 정서순화, 사회성 발달에 대한 이론으로 구성하였다.

'3장 조형의 이해' 에서는 조형의 의미를 이해할 수 있는 재현적 표현, 추상적 표현, 사고적 표현, 적응적 표현에 대한 이론과 조형에 나타나는 심리, 조형의 요소와 원리를 다루었다.

'4장 누리과정 미술영역 창작활동' 에서는 '2013년 3~5세 연령별 누리과정' 에 기초하고 2013년 개정된 초등학교 1~2학년군 교과서에 연계한 총 73가지의 3 · 4 · 5세 연령별 미술활동을 소개하였다.

마지막으로 출간을 위해 수고해 주신 학지사 관계자 여러분께 깊은 감사를 드린다.

2014년 2월

저자 홍수현

차례

Chapter 02

조형의 이해 —— 65

Chapter 04

누리과정 미술영역 창작활동 —— 89

2 4세 누리과정 / 123

3 5세 누리과정 / 219

Chapter

01

아동미술표현의 발달단계

1. 평면미술의 발달단계
2. 평면미술의 특징
3. 입체미술의 발달단계
4. 입체미술의 특징

아동의 미술표현은 아동의 시지각 발달과 지적 성숙에 따라서 도식적 표현에서 사실적 표현으로 발전한다.

1 평면미술의 발달단계

아동에게 일상생활 속에서 그림을 그린다는 것은 자신의 경험과 감정을 표현하는 하나의 수단이 된다.

아동이 속한 문화, 아동의 근육조절 능력과 인지 발달, 개인적 관심의 차이 등에 따라 아동의 그리기 표현능력은 달라질 수 있다. 그러나 아동미술표현의 발달단계에 대한 전반적인 이해는 적절한 아동미술교육의 제시와 각 발달단계에 속한 아동의 미술지도를 위해서 필요하다.

이 절에서는 평면미술 발달단계의 대표적인 이론으로 로웬펠드V. Lowenfeld, 켈로그R. Kellogg, 김정의 연구를 알아본다.

1) 로웬펠드

로웬펠드V. Lowenfeld는 아동을 이해하고 창조적으로 성장하도록 돕는 데 미술교육이 중요한 역할을 한다고 보고, 그의 저서 『창의성과 정신적인 성장Creative and mental growth』(1952)에서 아동의 미술표현 발달단계를 난화기, 전도식기, 도식기, 여명기, 의사실기, 사춘기로 분류하였다.

(1) 난화기

난화기the scribbling stage는 2~4세에 해당하는 시기다. 난화scribbling란 '긁적거리기' 란 뜻으로 유아가 무엇을 표현하기 위해 그림을 그리는 것이 아니라 손이 가는 대로 마구 낙서하는 것을 의미한다.

난화기는 초기 난화기, 중기 난화기, 말기 난화기 등으로 세분화된다.

① 초기 난화기

이 시기는 유아가 무엇을 그린다는 목적으로 그림을 그리는 것이 아니라 적절하게 통제되지 않는 팔을 무분별하게 움직인 결과, 의미 없는 선들이 방향감각 없이 나타나는 단계다.

이 시기의 유아는 자신의 행위와 그로 인해 생겨나는 결과물 간의 인과관계에서 즐거움을 얻을 뿐 그림 자체에 대한 관심은 없다. 대개 1~2세 정도의 유아는 운동신경 조절이 자유롭지 못하므로 선들은 매우 무질서하고 어설프게 그려진다.

그림 1-1 **초기 난화: 무분별한 긁적거리기**

따라서 교사는 이를 이해하고 그림 자체에 의미를 두기보다는 유아의 소근육 발달과 유아의 행위에 관심을 두는 것이 좋다.

② 중기 난화기

난화기로부터 약 6개월 뒤, 초기 난화기에 보였던 불규칙한 선 대신에 수평선과 수직선, 반복되는 원과 같은 일정한 규칙적 선들이 나타난다. 이것은 유아의 인지발달과 소근육 발달이 어느 정도 이루어지면서 그림도구를 조절할 수 있게 되기 때문이다.

이 시기에 유아는 자신이 그리는 행위와 그 결과로 나타난 종이 위의 그림들이 서로 관련이 있음을 자각하게 되는데, 유아는 그것에 즐거움을 느끼고 일정한 방향으로 반복해서 그리게 된다.

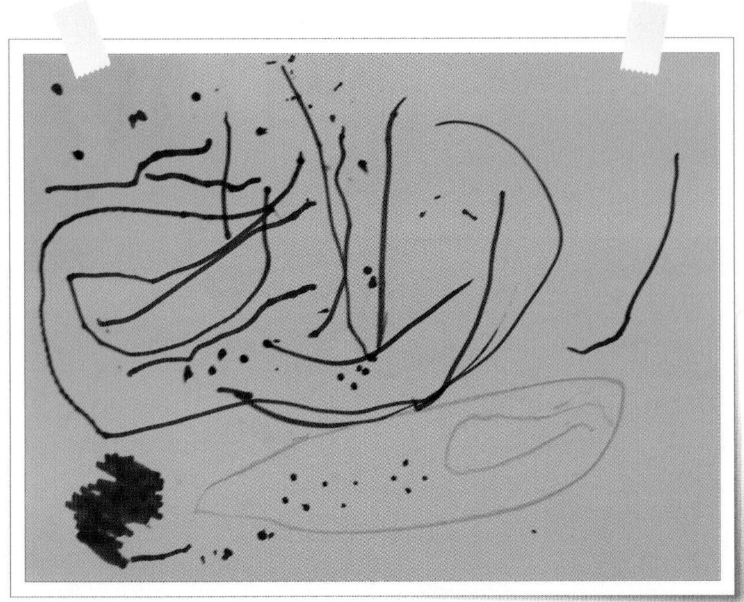

그림 1-2 중기 난화: 조절된 긁적거리기

③ 말기 난화기

3세 후반에서 4세경에 이르면 유아는 자신이 그린 난화에 이름을 붙이기 시작한다. 동그라미에 선을 그어 넣거나 여러 개의 선을 겹쳐 놓고서 '이건 우리 엄마야' '이건 우리 집이야' 라고 한다. 그러나 이와 같은 긁적거림이 처음부터 무엇을 그리고자 하는 의도하에 그린 결과가 아니며, 처음에 명명했던 이름이 나중에 바뀌기도 한다. 그림 자체의 수준도 이전 시기와 크게 다르지 않다.

다만, 단순히 긁적거리는 행위에서 벗어나 그것을 주위 사물이나 자신의 환경과 연관지어 생각하게 되는데, 이것은 자신의 주변 환경을 인지하는 유아의 사고가 발달되었음을 보여 주는 중요한 의미를 갖는다.

이 시기의 난화를 성인의 관점에서 사실적으로 해석하는 것은 바람직하지 않으며 난화를 있는 그대로 받아들이고 유아가 자신감과 용기를 갖도록 도와주어야 한다(서울교육대학교 미술교육연구회, 2008).

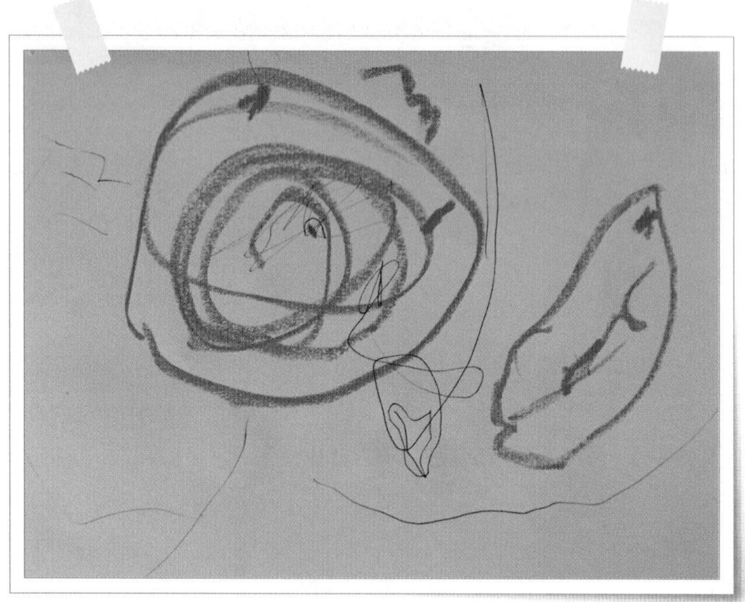

그림 1-3 말기 난화: 이름 붙이는 긁적거리기

(2) 전도식기

전도식기the preschematic stage는 4~7세에 해당하는 시기다. 이 시기는 이전의 무의식적인 긁적거림에서 벗어나, 의식적인 형태를 그리고자 하는 창조적 표현의 시초 단계라고 할 수 있다. 그리고 사물을 눈에 보이는 대로 그리기보다는 자신이 아는 바대로 상징화하여 그리는 도식기의 초기단계다.

이 시기에는 자신이 그리고자 하는 대상과 자신의 그림이 서로 어떤 관계를 형성하고 있음을 인식하게 되고, 원과 선을 사용하여 자신의 관심대상이 되는 사물의 형태를 그린다. 주로 주변 사람을 많이 그리는데, 그 모양을 보면 얼굴과 몸통을 상징하는 1개의 원이 있고 그 아래에 다리를 상징하는 2개의 선이 있다.

이를 두족인이라 부르는데, 이렇게 사물을 있는 대로 그리지 않고 비사실적으로 그리는 것은 유아가 그림을 그릴 때 그 대상을 자신이 인지하고 있는 대로 그리기 때문이다(Harris, 1963, 서울교육대학교 미술교육연구회, 2008에서 재인용).

그림 1-4 **두족인**

색채를 사용하는 데 있어서도 그림을 그리는 유아의 주관과 감정이 지배적인데, 사물의 고유한 색채와는 무관한 자신이 좋아하는 색을 선택하여 그린다.

유아는 그림을 어떤 표현의도를 가지고 그리기보다는 표현하는 것 자체에 즐거움을 느끼고, 시각적인 사실성에 신경 쓰지 않고 자신이 인지하고 느끼는 대로 그린다는 점에서 창조적인 기쁨을 누릴 수 있다.

(3) 도식기

도식기the schematic stage는 7~9세에 해당하는 시기다. 도식이란 아동이 어떤 특정한 사물에 대한 형태적인 개념이 제대로 잡히지 않은 상태에서 그 대상을 단순한 형태로 반복하여 그린 그림이다. 주로 원, 삼각형, 사각형 등의 기하학적인 형태를 이루며 그 대상이 되는 사물의 개념적 표현이라 할 수 있다(한국미술교과교육학회, 2004).

이 시기에 아동은 사물에 대한 형태적 개념을 습득하여 사물의 특징을 구체적으로 그리게 된다. 가령 사람을 그릴 때, 전도식기에서는 얼굴과 몸통을 하나의 원으로 표현하였던 것을 얼굴과 몸통을 분리하여 그리게 되고, 뿐만 아니라 팔과 다리, 눈, 코, 입 등을 표현한다. 그러나 아직 사물에 대한 정확한 형태개념이 부족하기 때문에 그것을 반복하게 그리게 되고 그것이 고착화되어 하나의 상징처럼 그려진다.

도식기에 나타나는 그림의 특징으로는 과장과 축소, 기저선base line, 시공간의 동시표현, 투시그림X-Ray drawing, 색의 도식schema이 있다.

① 과장과 축소

전체 그림에서 자신에게 중요한 의미가 있는 부분은 크게 과장해서 그리고

그림 1-5 과장 · 축소된 그림

그렇지 않은 부분은 생략하거나 축소해서 그리는 경향이 있다.

② 기저선

공간개념이 생겨서 하늘과 땅을 구분해주는 기저선base line을 사용한다. 종이 위에 기저선을 그리고 그것을 중심으로 사물을 배치한다.

그림 1-6 기저선이 있는 그림

③ 시공간의 동시표현

서로 다른 시간과 공간을 한 화면에 배치하거나 사물을 그릴 때, 한 방향에서만 그리는 것이 아니라 자신이 알고 있는 사물의 특징을 방향에 상관없이 그린다.

④ 투시그림

투시그림X-Ray drawing은 사물의 외부를 그리고 그 안을 자신이 아는 내부의 모습으로 채워 그리는 것이다.

그림 1-7 **투시그림**

⑤ 색의 도식

사물의 색을 칠할 때, 더 이상 주관적인 감정으로 색을 선택하지 않고 사물이

그림 1-8 **색의 도식이 나타난 그림**

가지고 있는 고유의 색을 고려하여, 즉 색의 도식schema에 따라 선택한다. 나아가 어떤 대상에는 어떤 색이라는 생각이 자리 잡혀 색이 상징화된다.

(4) 여명기

여명기黎明期는 9~11세에 해당하는 시기로서 형태적 사실기라고 할 수 있다. 이 시기에 해당하는 아동들은 또래 집단과 어울리면서 친구들과의 관계가 형성되고 사회적인 활동이 이루어진다. 자기중심적인 생각에서 벗어나 주위를 의식하게 되고 외부에 대한 관심과 경험이 커짐에 따라 사실적인 표현에 관심을 가지기 시작한다. 이전에 그려 왔던 도식적인 그림과 사실적인 그림들이 혼재되어 나타난다.

인물을 그릴 때에는 성별의 특징이나 개인이 가지고 있는 시각적인 특징들을 반영하여 표현한다. 또, 색을 칠할 때에도 하나의 대상에 상징적인 한 가지 색만을 고집하지 않고 몇 가지 색을 혼합하여 사용한다.

(5) 의사실기

의사실기는 11~13세에 해당하는 시기다. 이 시기에 해당하는 아동은 관찰력이 증대하여 사물을 객관적으로 보고 사실적인 표현에 관심을 가지고 애쓰지만 표현기술이 부족하여 낙담하기도 한다. 더 이상 기저선을 사용하여 사물을 일률적으로 배치하지 않고 배경과 사물 간의 공간을 의식하여 그림을 그린다. 또 사물들 간의 실제 크기 비례를 고려하여 그린다.

시각적인 관찰력이 좋은 아동은 형태의 전체적인 모습에 관심을 두고 그리는 한편, 그렇지 못한 아동은 형태에서 자신에게 관심 있는 특정 부위를 과장해서 그리는 경향이 있다.

(6) 사춘기

13세 이후의 시기를 의미한다. 사춘기가 되면 공간에 대한 인식 능력이 발달함에 따라 형태의 사실적인 표현뿐만 아니라 공간의 입체감을 표현하는 데 관심을 가지고, 공간의 크기, 원근감, 색채, 명암 등을 표현하려고 한다.

이 시기의 아동은 자기가 본 것을 시각적으로 충실히 표현하려는 시각형, 느끼는 것을 표현하려는 촉각형과 그 중간형으로 나뉜다(Lowenfeld, 1937, 김춘일, 윤정방, 2007에서 재인용).

① 시각형

대상을 눈에 보이는 대로 객관적으로 충실하게 그린다. 시각적인 형태에 관심을 가진다.

② 촉각형

대상의 시각적인 형태보다는 자신의 정서나 감정에 치중해 표현한다. 추상적이고 감성적인 표현이 보인다.

③ 중간형

객관적인 표현과 감성적인 표현이 절충되어 있다. 색채를 이용한 원근법과 빛의 명암등을 표현한다. 대부분의 아동이 이에 속한다.

2) 켈로그

켈로그R. Kellogg는 『아동미술의 분석Analyzing Children's Art』(1969)에서 아동미술의 발달단계를 초기 긁적거림에서 인물화가 나타나기까지의 발달과정을 그림에서 나타나는 도형을 중심으로 구분하였다.

(1) 난화 단계(1~2세 전후)

① 난화의 기본 형태

1~2세의 유아들이 팔을 의미 없이 움직임으로써 그려지는 모양들이다. 단순한 긁적거림이며 주로 선형과 도형으로 되어 있다. 점과 같이 간단한 모양부터 팔의 반복된 동작으로 생겨나는 복잡한 모양까지 20개의 기본 형태가 있다.

1		점	11		폐곡선
2		수직선	12		파도선
3		수평선	13		고리선
4		사선	14		반복고리선
5		곡선	15		달팽이선
6		반복수직선	16		중복선
7		반복수평선	17		반복원
8		반복사선	18		펼쳐진 원
9		반복곡선	19		교차된 원
10		개곡선	20		불완전원

그림 1-9 **난화의 기본 형태**

② 난화의 배치

유아가 난화를 그릴 때는 종이 위에 배치나 구도를 생각하면서 그리게 된다. 난화의 기본 형태는 팔의 근육만으로도 그릴 수 있지만 배치나 구도를 표현하기 위해서는 눈과 팔 근육의 협응능력이 필요하다. 켈로그는 종이 위에 나타나는 난화가 삼각형이나 사각형과 같은 덩어리를 이루며 그것이 일정한 구도를 가진다고 보고 이를 17가지의 패턴으로 구분하였다.

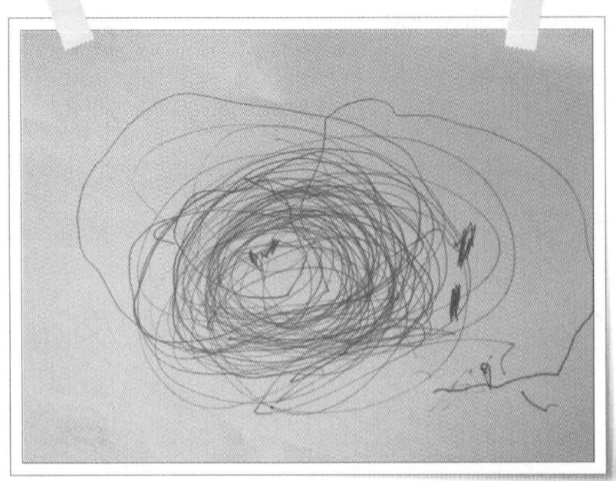

그림 1-10 난화의 중앙배치

그림 1-11 난화의 전반적 배치

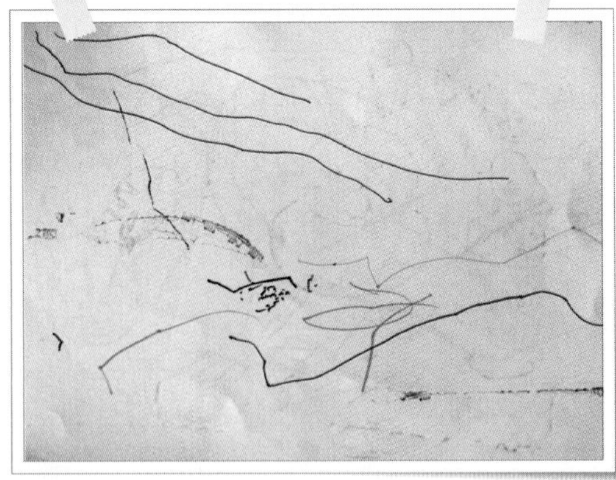

그림 1-12 난화의 수평배치

(2) 단순도형 단계(2~3세)

유아가 2~3세경에 이르면 소근육의 발달로 좀 더 절제되고 통제된 선이 나타나며 모양에 대한 인식을 한다. 이때 단순한 도형의 형태를 그리기 시작하는데, 단일선으로 된 비교적 명확한 모양의 원이나 십자가, 사각형 등의 도식이 나타난다.

이러한 도식은 2~3가지가 서로 모여서 집합을 이루고 이것이 새로운 형태를 띠게 된다. 뿐만 아니라 그 집합의 형태가 또 서로 모여서 또 다른 모양을 이루고 종이 위에 재구성된다.

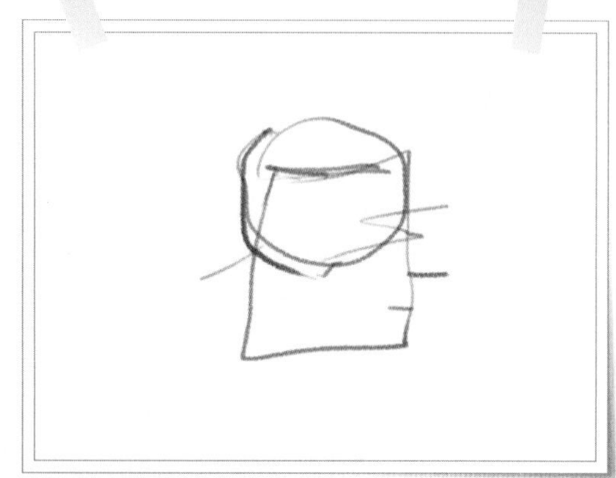

그림 1-13 기본도형의 연합그림

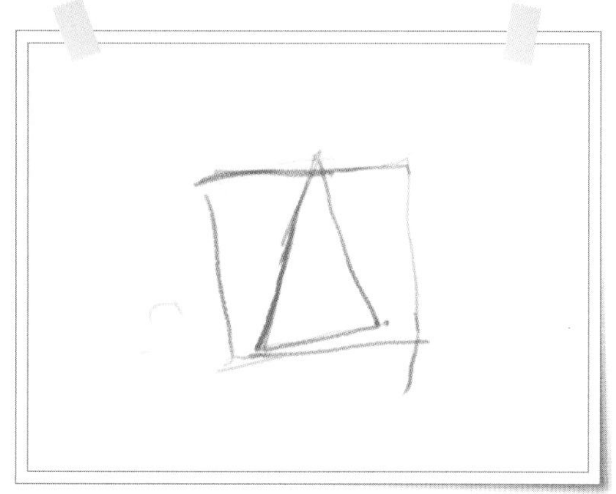

그림 1-14 기본도형의 연합그림

(3) 디자인 단계(3~4세)

이 시기의 유아는 반복되는 선의 사용을 통해 경험이 쌓여서 보다 정교한 선을 사용할 수 있게 된다. 2~3가지 혹은 그 이상의 도형들을 의도적으로 조합하여 보다 균형 잡힌 형태들을 디자인 한다.

이러한 형태들의 특징으로 만다라형, 태양형, 방사선형이 있다.

만다라는 원을 뜻하는 산스크리스트San skrit어로, 고대문양에서 나타나는 동심원 모양의 기하학적 도형구성을 의미한다. 원의 중심으로부터 2개 이상의 선이나 도형들이 뻗어 나가는 모양이며, 태양형과 달리 선이나 도형들이 원의 내부를 교차한다.

태양형은 원의 외곽선으로부터 선이 뻗어 나가는 모양으로 원의 내부로 선들이 서로 교차하지 않는다. 태양형의 도형을 습득하게 되면 팔과 다리를 붙여 원시적인 인물표현이 가능해진다.

방사선형은 한 점으로부터 선들이 방사선 모양으로 뻗어 나오는 형태다. 원 모양과 결합하여 팔과 다리를 표현할 때 많이 보인다.

그림 1-15 태양형 얼굴

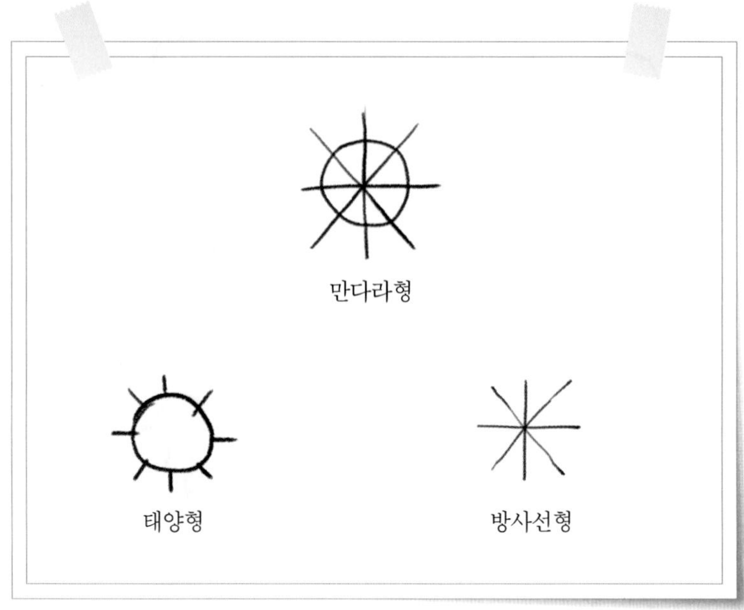

그림 1-16 만다라형, 태양형, 방사선형

(4) 인물화 단계(4세)

실제 사람의 형상을 관찰하여 시각적으로 재현하는 것이 아니라 이전 단계에서 반복적으로 그려 왔던 도형들을 조합하는, 원시적인 수준의 인물화 단계다.

초기에는 타원을 이용하여 얼굴을 그리기 시작하고 차츰 사람의 머리 특징이 나타나는 태양형으로 발전한다. 그 후 머리에 선으로 된 다리를 붙이기 시작하고 그다음에 팔을 그리게 된다.

1		타원형과 태양형의 얼굴 모양	3		얼굴에 팔과 다리가 부착된 사람 모양

2		얼굴에 다리가 부착된 사람 모양	4		몸통이 있고 팔이 얼굴에 부착된 사람 모양
			5		몸통이 있고 팔이 몸통에 부착된 사람 모양

그림 1-17 **인물화의 발달단계**

(5) 초기회화 단계(4~5세)

이 단계는 유아가 주위에서 볼 수 있는 사물들을 비교적 사실적인 모양으로 그리는 시기다. 이때의 그림은 성인이 인식하는 사물과 비슷한 형태로 나타난다.

자신이 그린 것과 그 대상 사이에 시각적인 유사함을 느낄 때, 유아는 즐거움을 느끼고 그림의 주제를 더 다양한 사물로 확장해 나간다.

3) 김정

김정은 평면미술 발달단계를 신생아기, 난화기, 전도식기, 도식기, 여명기, 의사실기, 사춘기로 구분하였다. 이와 같은 7단계는 한국 아동을 대상으로 연구한 결과이며 로웬펠드Lowenfeld의 6단계 발달이론을 더 발전시켜 난화기 이전의 신생아기를 추가한 것이다.

(1) 신생아기

1~3세에 해당하는 시기다. 우리나라의 유아는 서양의 유아보다 묘화행위를 일찍 시작하는 경향이 있는데, 연필을 입에 갖다 대거나 마구 휘적거리는 등의 행위를 한다. 실제로 무엇을 그린다고는 할 수는 없으나 그림을 그리는 행위를 흉내 내는 것으로 볼 수 있다.

(2) 난화기

3~5세에 해당하는 시기다. 그림에 대한 관심이 차츰 높아지고 그것이 그리는 행동으로 이어진다. 유아에 따라서 의미 없이 선으로 장난을 하기도 하고, 진지하게 무엇을 그리기도 한다. 그림과 낙서가 혼재하는 시기라 할 수 있다.

처음에는 좌우상하로 긋던 선들이 점차 숙달이 되면서 원의 형태로 발전한다. 4, 5세가 되면 두족인이 나타나고 난화기 후반에는 조잡한 모양의 눈, 코, 입, 손 등과 같은 부위가 표현된다. 이 시기에 우리나라 유아의 그리기 능력은 대체로 다른 나라 유아의 그리기 능력보다 우수하다.

(3) 전도식기

5~7세에 해당하는 시기다. 인물을 가장 많이 그리고 형태도 구체적으로 발전한다. 사물을 보는 지각능력이 발달하여 이전의 주관적 표현에서 객관적 표현으로 바뀌기 시작한다.

주로 얼굴표현에 관심이 많아 이목구비를 뚜렷이 표현하고, 몸통과 팔 · 다리도 간략하게 그린다. 팔 · 다리는 수평선과 수직선으로 표현하는 정도다. 그 밖의 주요특징으로는 환상적인 표현, 의인화, 투시그림이 있다.

이 시기의 아동들은 자기가 그리고 싶은 그림을 그리는 데 거침이 없다. 따라서 이 시기를 아동미술의 황금기라고 할 수 있다.

그러나 우리나라 아동들은 표현력은 좋으나 의식적으로 너무 잘 그리려고 애쓰는 나머지 보여 주기식 치장을 많이 하는 경향이 있다.

(4) 도식기

7~9세에 해당하는 시기다. 사실적 표현을 관심을 가지는 시기로 전도식기의 그림과 비교했을 때 크게 다르지는 않으나 아동의 사물에 대한 인식능력은 충분히 발달해 있다.

이전의 환상적인 표현은 좀처럼 보이지 않고 사물을 객관적이며, 상징적으로 그린다.

(5) 여명기

9~11세에 해당하는 시기다. 그림의 내용을 파악하여 그릴 수 있고 사물을 사실적으로 그리려고 노력한다. 그림의 비중을 사실성에 두기 때문에 더 이상 공상적인 내용이나 도식적인 그림은 그리지 않고 과거의 경험을 사실적으로 재현기 위해 노력한다.

(6) 의사실기

11~13세에 해당하는 시기다. 사실적인 그림을 그리는 데 집착하는 시기로 인물표현이나 공간표현이 성인의 표현과 가깝다. 인물의 개성이 잘 드러나고 미숙하지만 사물의 원근감도 나타난다.

이 시기에 이르면 40%의 아동들이 그림을 그리는 데 흥미를 잃는다. 그 이유는 사실적인 표현에 어려움을 느껴서인데, 이런 아동은 만화풍의 그림을 그리는 데 흥미를 갖게 된다.

(7) 사춘기

13~16세에 해당하는 시기다. 이 시기에는 사물을 지각하는 능력이 충분히 발달하여 대상의 외형적 특징을 시각적으로 아주 정밀하게 묘사할 수 있다.

그러나 60% 이상의 아동들이 사실적 표현에 어려움을 느껴 미술에 흥미를 잃게 된다. 이러한 아동은 오히려 표현력이 퇴보하는 양상을 띠는데, 묘화활동이 축소되고 간략한 선으로만 된 유치한 그림을 그리게 된다.

2 평면미술의 특징

아동의 미술적 표현은 아동의 성장·발달의 차이와 문화적 차이로 달라질 수 있으나 1~7세 사이의 유아기에서 보이는 보편적인 미술적 특징들을 살펴보면 난화, 두족인, 기저선의 사용, 투시적 표현, 시공간의 동시성, 반복적 표현, 나열식 표현, 의인화, 자기중심적 표현 등이 있다.

이 절에서는 켈로그, 로웬펠드, 김정의 이론을 바탕으로 아동기에 나타나는 아동미술표현의 이러한 특징들을 정리해서 살펴본다.

아동기의 미술적 표현의 특징을 이해하는 것은 교사가 아동의 인지능력과 소근육 발달 등을 이해하는 척도가 될 수 있을 뿐만 아니라 성장·발달단계에 맞는 교육체계를 세우고 지도하는 데 도움이 된다.

1) 난화

무엇을 그리고자 목적과 의도 없이, 본능적으로 팔을 휘두름으로써 나타나

그림 1-18 난화

는 긁적거림의 결과물이다. 대개 2세부터 시작하여 4세까지 지속되고 소근육이 발달하면서 차츰 선이 정교해진다. 난화를 그리는 유아는 그림 자체보다는 그림을 그리는 행위에 더 쾌감을 느낀다.

2) 두족인

4세에서 7세에 나타나는 표현으로 하나의 원을 그리고 그 아래에 2개의 선을 그어 사람을 그리는 표현이다. 두족인을 그린다는 것은 신체적으로 미술도구를 조정할 수 있을 정도로 소근육이 발달되었다는 것과, 자신과 자신을 둘러싼 사람의 관계를 인식하고 있음을 의미한다.

그림 1-19 두족인

3) 기저선의 사용

기저선은 대개 7~9세에 나타나는 표현으로 종이 위에 하늘과 땅을 구분짓는 선이다. 기저선 위는 하늘이고 그 아래는 땅인데, 기저선을 중심으로 사물들을 배치한다. 기저선을 그린다는 것은 공간을 인식하고 이를 주관적으로 표현하는 것이다(서울교육대학교 미술교육연구회, 2008).

그림 1-20 기저선이 있는 그림

4) 투시적 표현

사물의 외부를 그리고, 거기에 실제로는 보이지 않는 사물의 내부까지 그리는 표현이다. 7~9세 사이에 나타난다. X-Ray 사진과 같이 사물을 투과하여 그린다고 하여 X-Ray drawing이라고도 한다. 이러한 표현은 아동이 사물을 지각하는 대로 그리지 않고 자신의 과거 경험을 바탕으로 그리거나 사물을 자신이 알고 있는 지식을 바탕으로 그리기 때문이다(Goodenough, 1958, 한국미술교과교육학회, 2004에서 재인용).

그림 1-21 투시적 표현

5) 시공간의 동시표현

7~9세 사이에 나타나는 표현으로 아동은 아직 시간과 공간의 개념이 부족하여 과거의 경험을 표현할 때, 사건의 시간적 흐름과 공간의 차이를 구별하지 않고 그것을 한 화면에 나열하듯이 그린다. 그리고 그림 속의 사물들을 보면 일관된 시점이 존재하지 않고 여러 시점이 동시에 존재하는데, 이것은 시각적인 표현 기술이 부족하여 자신이 알고 있는 사물의 특징을 방향에 상관없이 자신이 그리기 쉬운 대로 그리기 때문이다.

그림 1-22 시공간의 동시표현

6) 반복적 표현

하나의 주제를 반복해서 자꾸 그리거나 비슷한 주제의 대상은 모두 같은 모양으로 그리는 것을 말한다. 이것은 그 대상을 반복하여 그리는 과정에서 학습된 결과로 도식화되었기 때문이다. 유아가 똑같은 주제나 사물을 반복하여 그리는 것은 자신의 관심이나 욕구의 표출이거나, 표현력에 자신감이 부족하여 익숙한 형태만을 고집하여 그리기 때문이다.

그림 1-23 **반복적 표현**

7) 나열식 표현

유아는 주제의 그림을 그릴 때 의식적으로 무엇을 계획하거나 구도를 생각하고 그리지 않는다. 그저 생각나는 대로 소재를 그려 넣기 때문에 구도의 조화나 사물의 통일된 비례를 찾을 수 없다.

그림 1-24 나열식 표현

8) 자기중심적 표현

그림을 그릴 때 눈으로 보는 것에 의존하지 않고 자신의 과거 경험이나 기억에 의존하여 그리는 것을 말한다. 소재의 대상이 되는 사물의 외형적 특징을 그리는 데에는 관심이 없고 자신의 주관적인 관점이나 감정을 표현한다. 자신에게 중요한 의미가 있는 것은 과장하여 그리며 그렇지 않은 것은 생략·축소하는 경향이 있다(서울교육대학교 미술교육연구회, 2008).

그림 1-25 자기중심적 표현

9) 의인화

해, 꽃, 나무와 같은 모든 사물에게 인격을 부여하여 사람과 같이 표현하는 것이다. 예를 들어 해를 그리고 그 안에 눈과 입을 그려서 의인화하는 식이다. 이것은 유아의 사고에 모든 사물은 생명과 감정을 가지고 있다는 '물화론적 의식animism' 이 자리 잡고 있기 때문이며, 아직까지 그러한 환상과 현실이 혼재하고 있음을 의미한다(권상구, 1994).

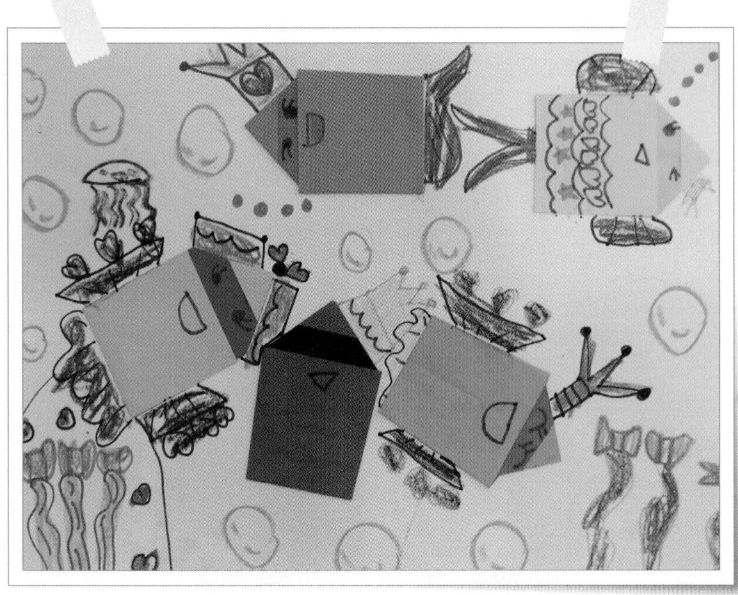

그림 1-26 의인화

3 입체미술의 발달단계

찰흙 만들기와 같은 입체적 조형활동은 유아에게 소근육 발달의 기회를 제공하고 사물을 입체적으로 볼 수 있는 시각을 준다.

찰흙 만들기에서 보이는 유아의 초기 입체표현의 뚜렷한 특징은 그 재료가 3차원적인 재료임에도 불구하고 2차원적인 평면으로 표현한다는 것이다. 그리고 초기에는 재료를 가지고 노는 놀이단계에서 시작하여 점차 사물을 상징적으로 표현하는 단계로 발전한다.

골롬브Golomb는 아동의 입체표현의 발달단계를 탐색기 · 분화기 · 완성기로 구분하였다(김춘일, 1985).

그림 1-27 입체적 조형활동의 예: 찰흙으로 복어 만들기

1) 탐색기

평면미술 발달단계에서 난화를 그리는 것과 같이 무엇을 만들고자 하는 의도와 목적 없이 재료를 탐색하고 가지고 노는 단계로서 2세경에 해당한다. 초기에는 그저 찰흙을 주무르거나 찰흙을 뜯어서 책상 위에 나열하는 식이다. 그러다 3세 정도에 이르러 어느 정도 소근육이 발달하게 되면 '뱀 모양' 을 만든다.

'뱀 모양' 은 찰흙을 책상 위에 올려놓고 손바닥을 앞뒤로 비비는 단순한 동작만으로도 제작이 가능하다. 그러다 납작한 원반 모양과 '공 모양' 이 순서대로 나타난다. 이러한 모양들은 지속적이고 규칙적인 동작의 결과물이며, 통제된 근육의 조절능력을 필요로 한다.

인물의 표현방법을 보면 몸통에 해당하는 큰 덩어리에 다른 신체를 갖다 붙이는 식으로 되어 있지만 전혀 가공되지 않은 원시적인 형태이며 신체의 각 부위가 미분화된 상태다.

얼굴을 만들 때에는 납작한 반구 모양이나 뱀 모양으로 빚은 찰흙을 원으로

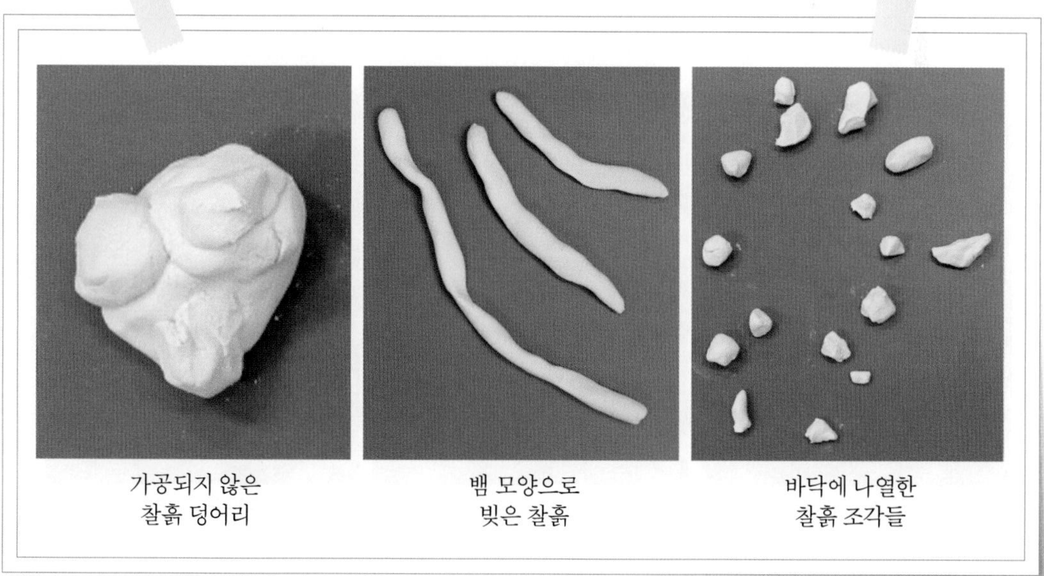

그림 1-28 탐색기의 입체표현

만든 모양, 공 모양의 형태에 가늘고 긴 막대 모양의 눈 · 코 · 입을 첨가하는 '만다라형' 을 취한다(Kellog, 1996). 눈 · 코 · 입은 찰흙을 짧은 막대 모양으로 빚어서 붙이거나 손으로 홈을 파서 표현하기도 한다.

인체의 표현이 아직 구체적이지 않고 스스로 생각하기에 부족하다고 생각하기 때문에 말로써 보충 설명하는 경향이 있고, 자신이 만든 작품에 이름을 붙여 인형극을 하듯이 가지고 논다(전성수, 2012).

2) 분화기(4~6세)

유아는 자신이 평면그림에서 그렸던 표현방식을 입체표현에서 그대로 재현하는 경향이 있다.

이와 같은 표현방식으로 두족류식 인물표현이 있는데, 두족류식 입체표현은 평면표현과 같이 바닥을 종이로 생각하고 그 위에 하나의 둥근 덩어리와 그 밑에 길고 둥근 선을 연결하여 사람의 모양을 만드는 것이다. 따라서 형태의 입체적인 모습을 표현하지 못하고 앞모습의 표현에만 집중한다.

정립正立한 인물표현의 경우에는 단순한 기둥 모양이나 공 모양에 팔다리를

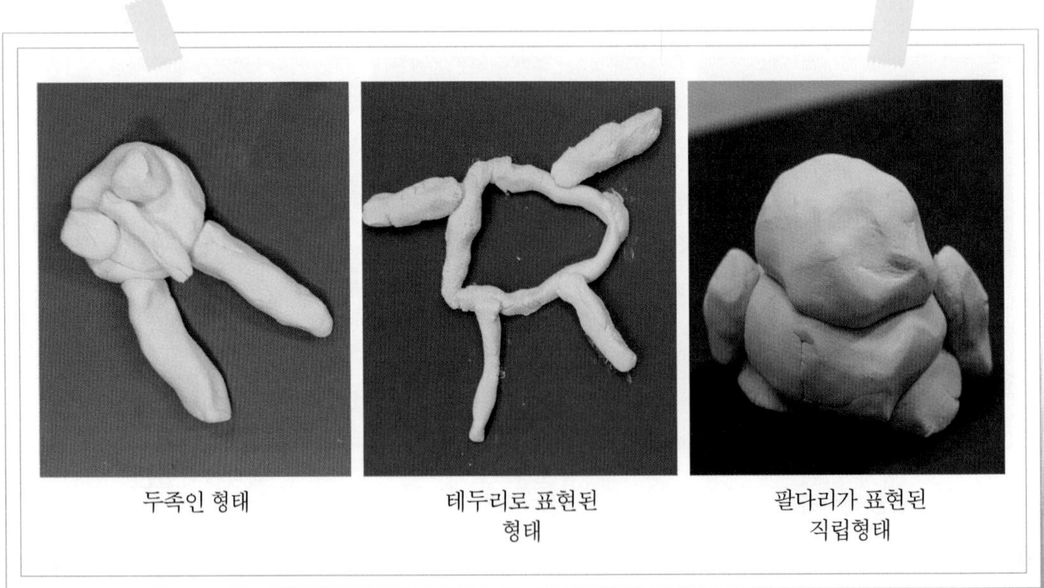

두족인 형태 / 테두리로 표현된 형태 / 팔다리가 표현된 직립형태

그림 1-29 분화기의 입체표현

의미하는 덩어리를 만들어 붙인다. 머리, 몸통, 다리가 분화되었으나 실제의 인체와는 다르며 안정적인 구조를 갖고 있지도 않다.

손이나 발 등 구체적인 인체부위는 거의 나타나지 않으며 전체 비례도 무시되어 있어 거칠고 조잡한 형태를 띤다.

3) 완성기

평면적인 표현방법과 입체적인 표현방법이 절충되는 양식이 나타난다. 전체 형상은 직립형태가 아닌 바닥 위에 누워 있는 구조로 되어 있으나 머리와 몸통 등 특정 부위가 부분적으로 3차원의 형태로 만들어진다.

얼굴과 몸통, 팔다리의 구조가 뚜렷하고 비교적 균형 있게 표현되어 성인이 보기에도 무엇을 만들었는지 알 수 있다. 이 시기의 아동은 세부표현에 관심이 많아져 각 신체부위의 표현이 분화기보다 세분화되고 섬세하다. 뒷면에 대한 관심이 생기고 남녀의 성차를 구별하여 표현하기도 한다.

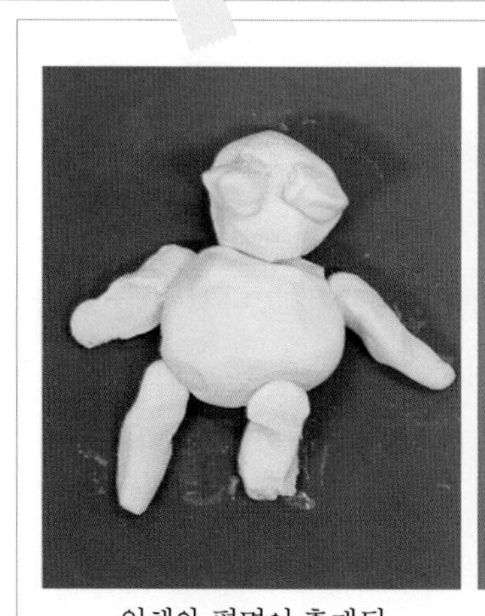

입체와 평면이 혼재된 표현형태

뱀 모양의 평면적인 표현형태

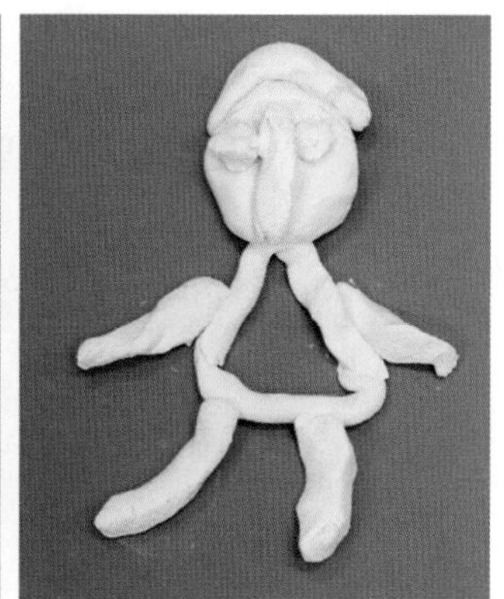

성별이 표현된 형태

그림 1-30 완성기의 입체표현

4 입체미술의 특징

1) 평면적 표현

유아는 3차원적인 소재를 사용하더라도 입체적으로 표현하지 못하고 평면적으로 바닥에 눕혀서 표현한다(서울교육대학교 미술교육연구회, 2008). 찰흙이나 기타 재료를 사용하여 인물을 만들 때, 원시적인 형태의 직립은 있지만 대부분의 유아는 바닥을 종이와 같이 사용하고 찰흙을 이용하여 그림을 그리듯이 평면적으로 만든다.

2) 반입체적 표현

유아가 찰흙 빚기에 익숙해지면 부분적으로 3차원적인 표현을 하게 된다. 제일 먼저 얼굴에서 입체적 표현이 나타나는데, 얼굴을 공 모양으로 빗고 그 위에 눈 · 코 · 입을 붙인다. 몸통과 팔 · 다리는 기술의 부족으로 대부분 둥근 모양의 반입체이거나 평평한 모양을 띤다.

3) 종합하여 만들기

찰흙으로 인물이나 사물을 만들 때, 각 부위를 따로 만들고 나서 이를 종합하는 방식으로 한데 붙이는 것을 말한다(Lowenfeld & Brittain, 2002). 이는 전체 덩어리를 깎거나 파내서 부분을 표현하는 것보다 훨씬 만들기가 쉽기 때문이다.

4) 놀이활동

유아는 찰흙과 같은 소재를 가지고 미술활동을 할 때, 미술작품을 만든다고 생각하기보다는 하나의 놀이를 한다고 생각한다. 그래서 소재를 가지고 이리저리 주무르거나 의미 없는 형태를 만들기도 한다. 그리고 자신이 만든 형태에 이름을 붙이거나 장난감처럼 갖고 놀기도 한다.

Chapter

02

유아미술의 이해

1. 유아미술의 개념
2. 유아미술의 효과
3. 유아미술의 지도
4. 미술작품 감상

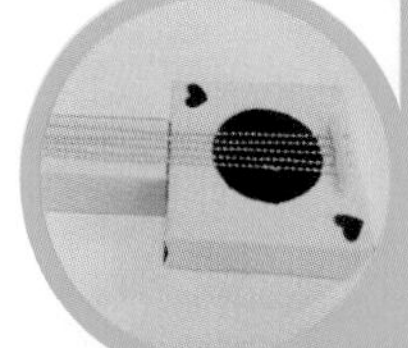

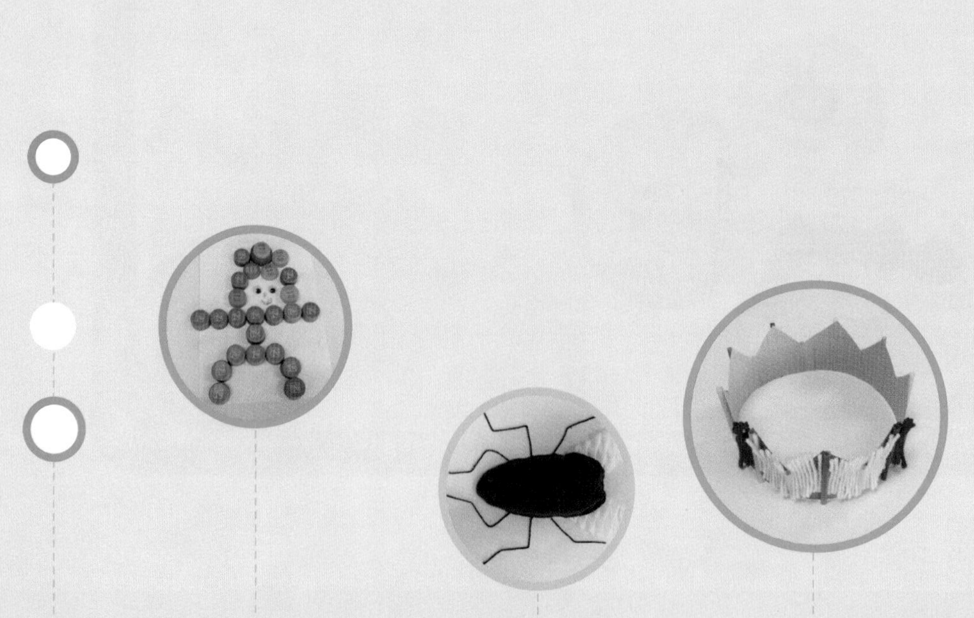

미술은 유아교육의 일환으로 중요한 역할을 담당하고 있다. 유아에게 미술활동은 예술영역뿐만 아니라 정서, 신체, 언어, 사회성 등 전 영역에 걸쳐서 밀접한 관련이 있다. 따라서 유아미술을 이해하는 것은 유아의 전인적 발달 교육을 위해 반드시 필요하다.

1 유아미술의 개념

1) 생활 속 미술

미술은 우리의 생활에서 빠질 수 없는 일부분이다. 미술은 특정 예술인의 전유물이 아니라 우리의 생활 전반에 존재하며 우리들은 그것을 보고 만지며 느끼며 살아가고 있다.

우리 주변에서 볼 수 있는 가구, 벽지, 의복, 그림책 등 거의 모든 물건들이 일종의 미술활동의 결과라 할 수 있다. 이와 같이 미술은 우리 생활의 일부분으로서 삶을 더욱 풍요롭게 하고 우리의 정서를 아름답게 한다.

미술교육의 목적은 진정한 아름다움의 의미를 알게 하고 그것을 생활 속에서 깨닫고 누릴 수 있도록 하는 데 있다. 그것은 미술작품의 감상이 될 수도 있고, 그림을 그리는 행위가 될 수도 있으며, 무엇을 만드는 활동이 될 수도 있다.

이러한 의미에서 유아미술교육은 잘 그리고 잘 만드는 기술을 가르치는 것이 아니라 유아가 생활 속에서 접하고 보고 느끼는 것들을 자유롭게 표현할 수 있도록 도와주는 것이고, 조형활동을 통해서 심미적인 기쁨과 창작의 즐거움을 느낄 수 있게 해 주는 것이다.

미술교육을 통해서 생활 속의 아름다움을 발견하는 시각을 기르면, 미술이 삶의 활력소가 되고 삶의 질을 향상시킬 수 있게 된다.

2) 전인적 교육을 위한 미술

유아는 보고, 만지고, 입으로 빨고, 맛보며, 냄새를 맡으면서 자신의 주변 세계를 알아 간다. 여러 감각기관을 통해서 기억된 경험은 다분히 주관적이며 자기중심적이다.

유아는 언어능력과 사고능력이 아직 충분히 발달하지 못해 자신의 생각이나 감정 등을 제대로 표현할 수 없다. 그러나 그림 그리기나 만들기와 같은 미술활동을 통해서 유아는 자신의 생각과 정서를 어려움 없이 표현할 수 있다.

이러한 시각화, 즉 미술표현을 통해서 유아는 미적, 정서적, 신체적 발달을 도모할 수 있다. 그림을 그리면서 자신의 감정을 표현하고 미술재료를 조작하는 등의 활동은 소근육 발달에 도움을 준다. 또 자연스럽게 눈과 손의 협응이 이루어진다. 그 밖에 친구와의 협동을 통해서 사회성을 길러 주며 조화로운 인간을 만들고 자아를 표현하는 훌륭한 수단이 될 수 있다.

결국 미술교육은 유아의 성장 · 발달을 돕는 유아교육 프로그램의 중요한 부분으로서 전인적 인간을 육성하는 데 초점을 두어야 한다.

3) 유아미술교육의 지도방향

유아미술교육에서는 교사의 개입을 되도록 자제하고 유아중심의 표현을 촉진해야 한다.

교사는 특정한 예술적 개념이나 기능을 습득하는 것보다는 생각과 느낌을 자유롭고 창의적으로 표현해 보는 경험을 중심으로 유아를 지도해야 한다. 다만 유아가 즐겁게 조형활동을 할 수 있도록 지도하고 내적 동기를 부여해 주는 것이 필요하다. 또한 편안하고 자유로운 환경 속에서 유아가 직접 사물을 보고, 만지고, 느끼는 능동적인 탐색활동을 갖도록 해 주어야 한다. 이를 위해 유치원 일과 중 자연스럽게 다양한 탐구활동과 감상활동의 기회를 제공하며 대 · 소집단 활동과 자유선택활동에서 골고루 경험할 수 있도록 해야 한다.

4) 유아미술교육의 목표

유아미술교육의 궁극적인 목표는 자연과 사물을 대하면서 느낄 수 있는 생각과 정서를 예술적으로 표현하고 예술작품을 감상하면서 즐거움을 느끼는 데 있다. 이를 위해 유아기부터 자신이 생각하고 느낀 것을 표현하고 감상함으로써 심미적 태도와 창의적 표현력을 기르도록 이끌어 주어야 한다.

(1) 자연과 생활 속 예술 알기

유아는 자연과 생활 속에서 무엇인가를 스스로 탐색하고 조형적 형태를 관찰함으로써 예술적 요소에 관심을 가지게 된다.

즉, 계절의 변화에 따라 달라지는 동식물의 변화를 신기해하고 주위의 꽃들과 풀, 동물들을 관찰하면서 아름다움과 즐거움을 느낀다. 그리고 생활주변에 있는 수많은 조형물에 호기심을 갖고 탐색한다.

교사는 유아가 관심을 갖고 살펴보는 사물을 통해서 고유한 형태와 색, 질감, 명암 등 예술적 요소를 스스로 느끼고 경험할 수 있도록 이끌어 주어야 한다.

유아가 이렇게 다양한 사물과 조형물에 관심을 가지는 경험은 대상에 대한 인식과 지각력을 높여 주고 감수성을 풍부하게 해 준다. 이러한 활동은 예술적 요소에 대한 인식과 다양한 표현능력과 감상능력을 증진시키는 바탕이 된다.

(2) 자기표현 하기

유아는 낙서나 그림 그리기를 통해서 혹은 흙장난이나 만들기를 통해서 과거 자신의 경험을 재구성하기도 하고 특정 사물을 재현하기도 하며 자신의 공상을 펼치기도 한다.

특히 그림을 통해서 자신이 보고 느끼고 생각하고 상상한 것을 스스럼없이 표현한다. 이러한 조형활동을 통해 유아는 자신을 표현하며 의사소통의 욕구를 충족시킨다(김병옥, 1985).

유아에게 이러한 특징이 나타나는 것은 언어와 사고의 발달이 아직 충분하지 않아 말이나 글로써 자신의 생각이나 특정 주제를 표현하는 데 어려움을 느끼지만 논리로부터 자유로운 미술활동을 통해서는 부담 없이 자신의 감정과 생각을 전달할 수 있기 때문이다(Cohen & Gainer, 1992).

일반적으로 사용하는 크레파스와 물감을 통한 그림활동뿐만 아니라 찢기, 오리기, 붙이기, 만들기와 같이 다양한 재료와 재질을 탐색할 수 있는 조형 활동을 유아에게 제공하는 것이 좋다.

(3) 통합적으로 표현하기

유아는 발달 특성상 분절된 경험보다는 일련의 통합된 경험에 의해서 얻어진 개념이나 인식을 훨씬 효과적으로 받아들인다.

조형활동이 통합적으로 이루어지기 위해서는 유아 자신의 생각이나 느낌을 마음껏 표현할 수 있도록 다양한 자료를 충분히 제공해야 하고 음악, 신체활동과 같은 다른 영역과 연동하여 진행할 수 있도록 통합된 개념이나 주제를 제시해 주어야 한다(교육과학기술부, 2008a).

예를 들어 꽃을 주제로 교육을 한다면, 꽃을 표현하는 조형활동을 시작으로 유아들의 호기심과 관심을 이끌어 낸 다음, 음악과 율동을 가미하여 꽃을 표현하는 신체활동을 할 수 있다.

이와 같은 일련의 통합적 교육은 유아의 예술적 표현력을 훨씬 증진시킬 수 있을 뿐만 아니라 전인적 발달을 이룰 수 있다.

2 유아미술의 효과

1) 유아의 성장 · 발달

유아가 그린 그림을 통해 유아의 성장 · 발달을 알 수 있다. 유아는 사물을 보는 인지능력과 소근육의 발달에 따라 미술표현도 발달한다. 초기 유아의 미술활동은 미적표현이라기보다는 놀이에 가깝다. 그러나 차츰 성장하면서 자신을 표현하고 자신을 둘러싼 주변 세상을 재현하고자 한다.

이는 신생아기에는 소근육이 미술재료를 조작할 수 있을 정도로 충분히 발달되지 않은 상태이고 자신의 주변 세계를 제대로 인지할 수 없다가 유아가 성장하면서 근육이 발달하고 주변 세계와 사물을 보는 인지능력도 발달하기 때문이다.

사물에 대한 인지란 사물을 단순히 눈으로 보는 데 그치는 것이 아니라 사물의 형태와 속성을 기억하고 나아가 자신과의 관계를 정립하는 일종의 뇌 활동을 일컫는다.

유아는 이러한 신체적, 정신적 성장단계를 거치면서 그 단계에 맞는 미술표현양식을 갖게 되는데, 이러한 미술표현의 발달단계는 현재 유아의 신체적, 정신적 성장·발달단계를 가늠할 수 있는 지표가 된다. 또 미술활동은 여러 가지 미술재료와 도구를 사용하면서 대·소근육을 조절할 수 있는 기회를 제공하고, 그리기와 만들기, 오리기, 붙이기 등 여러 가지 조형행위를 통해서 눈과 손의 협응력을 발달시킨다(정문자 외, 2003).

2) 유아의 개성과 창의성 발달

창의성은 독창적인 발견, 새로운 시각, 기존의 틀을 벗어난 새로운 사고방식이나 융통성 있는 유연한 사고의 과정, 그리고 기존의 것을 재구성하여 새롭게 하는 행위 등을 의미한다(Paplia & Olds, 1975, 이종희, 2002에서 재인용).

창의성을 발휘하기 위한 전제는 타인과는 다른 자신만의 독특한 개성과 얽매이지 않는 자유로운 생각이라 할 수 있다. 이러한 관점에서 미술은 창의성과 밀접한 관련이 있다고 볼 수 있다. 왜냐하면 미술의 표현은 순수하게 개인의 경험과 개성에 의존하고 미술의 속성 자체가 새로움을 계속 추구하는 예술이기 때문이다.

유아는 미술활동을 통해서 자유롭게 생각하고 공상하기도 하며, 다양한 미술 재료를 선택하여 표현기법을 탐색한다. 이러한 일련의 창작경험을 통해서 유아는 자신들의 개성을 마음껏 표출할 수 있고 자연스럽게 창의성을 발휘할 수 있는 기회를 가진다.

창의적인 미술교육은 유아가 자기 혼자서 마음대로 활동하는 방임의 형태가 아니라 유아가 자유롭게 자기 생각을 이야기하고 의지대로 활동할 수 있는 환경을 만들어 주며, 합리적이고 체계적인 교육을 제공해 주는 것이다.

교사는 미술지도를 할 때, 유아가 재료를 탐색할 수 있는 충분한 시간을 주어야 하고, 재료를 스스로 선택하고 사용할 수 있게 도와주어야 한다. 성인의 시선으로 그림을 평가하는 것은 바람직하지 않으며 유아의 작품을 그대로 인정해 주는 자세가 필요하다. 무엇보다도 미술활동을 즐거워하고 스스로 하고 싶다는 내적 욕구가 일어날 수 있도록 해 주어야 한다.

3) 유아의 정서순화

미술은 아름다움을 추구하며 인간의 감성을 표현하는 예술이기 때문에 유아의 정서를 순화시키고 안정시키는 데 중요한 역할을 한다(이소은, 권남기, 2011). 조화와 질서, 통일에서 심미적인 기쁨을 느끼는 것은 인간의 본성이라 할 수 있다.

유아는 훌륭한 예술작품을 보고 색과 형태의 아름다움을 느낀다. 또 색과 공간, 형태를 조화롭게 구성하는 조형활동을 경험하면서 자연스럽게 미적인 감각을 발달시킬 수 있다.

유아는 자신의 경험에서 비롯된 여러 가지 감정, 즉 기쁨, 슬픔, 행복감, 외로움, 분노의 정서를 그림 그리기와 만들기 같은 미술활동을 통해서 솔직하게 표현한다. 그 과정에서 유아는 감정의 자유로움과 심미적 기쁨을 누릴 수 있다.

자신의 내면적 욕구를 표출하는 것은 부정적인 감정을 해소하고 마음을 안정시키는 데 필요한 과정이다. 이러한 미적 경험과 감동을 통해 유아는 자아개념을 긍정적으로 형성하고 성취감을 얻는다.

4) 유아의 사회성 발달

유아는 미술활동을 통하여 타인과의 관계를 형성하고 사회적 성장을 할 수 있다. 미술활동을 하는 과정에서 재료의 선택, 표현방법의 선택 등 스스로 필요한 의사결정을 하기도 하고, 때로는 친구들과의 협동을 통해서 상호작용을 하기도 한다.

미술 도구와 재료들을 서로 나눈다든지 서로의 생각과 감정을 말하고 순서나 차례를 기다리는 행위 등은 사회성을 발달시킨다. 그리고 작품을 만들고 나서 친구들에게 발표하는 활동은 타인에게 자신의 생각을 표현하며, 타인의 생각을 받아들이고 존중하는 태도를 갖도록 해 준다.

유아는 이렇게 미술활동을 통해서 타인과 조화를 이루며 살아가는 사회활동을 배운다.

3 유아미술의 지도

유아는 본능적으로 자신을 표현하는 그림을 그린다. 유아가 자신의 느낌을 창의적으로 표현하는 데 교사들이 지나치게 개입을 할 필요는 없지만 그렇다고 해서 자유방임적인 교육형태를 취하는 것 또한 바람직하지 않다.

교사는 유아가 예술적 심미감을 발달시키고 스스로 창의적인 표현을 할 수 있도록 촉매자catalyst의 역할을 해야 한다. 이를 위해 교사는 조형적 안목을 가지고, 유아의 미술 발달단계에 맞는 교육과정을 계획하고 지도할 수 있어야 한다.

1) 시범보이기

미술활동을 위해서 교사가 반드시 그림을 잘 그리거나 잘 만들 필요는 없다(Cohen & Gainer, 1992). 대신 교사는 유아에게 직접 재료나 도구를 조작하는 모습을 보임으로써 유아가 미술재료를 조작하는 데 도움을 주어야 한다.

새로운 미술재료를 소개할 때에는 유아가 재료를 자유롭게 가지고 놀면서 재료에 익숙해질 수 있는 시간을 준다. 유아가 재료에 대한 탐색시간이 끝나고 재료에 대해 흥미를 가지게 되면 교사는 재료를 다루는 기초적인 방법을 소개한다.

익숙하지 않은 미술재료를 이용하여 그림을 그리거나 만들기를 할 경우에는 유아가 충분히 이해할 수 있도록 설명과 함께 제작방법을 시범보이는 것이 필수적이다. 유아가 작품을 만드는 과정을 이해하고 그것이 어떻게 가능한지를 알아야 스스로 할 수 있다는 자신감과 의욕을 가질 수 있기 때문이다.

이때 교사의 개입은 최대한 자제하고 유아가 스스로 실험과 상상을 통하여 작품을 만들 수 있도록 만들기나 그리기의 일부만 보여 주는 것이 좋다는 것을 주의할 필요가 있다.

교사가 작품의 결과물을 제시하거나 만드는 과정을 처음부터 끝까지 보여 주면 유아는 스스로 만들기를 포기하고 교사를 모방하는 경향이 있다. 이러한 활동은 유아의 창의성과 자기표현을 억제하는 결과를 초래한다. 또한 베끼기, 따라 하기, 그려진 밑그림에 색칠하기 등도 피해야 한다.

유아의 개성과 미적 취향에 따라 다양한 표현과 상징이 나올 수 있도록 지도하는 것이 중요하다.

2) 동기 부여하기

유아를 지도할 때, 결과보다는 제작 과정 자체를 중요시해야 한다. 즉, 미술활동의 목표는 완성된 결과물이 아니라 자발적으로 자기를 표현하고 자신의 정서를 표출하는 데 있다는 것을 일깨워 주어야 한다.

결과물에 대한 교사의 지나친 칭찬은 유아가 미술활동을 하는 외적 동기가 될 수 있기 때문에 조심해야 된다. 교사의 칭찬이 미술활동을 하는 외적 동기가 되면 유아는 자신이 만든 작품이 교사의 마음에 들어야 한다는 부담감을 가지게 되고 이는 창조적인 표현과 예술적 정체성에 부정적인 영향을 끼친다.

대신 교사는 유아가 미술활동의 과정 자체를 즐기도록 배려해 주어야 한다. 즉, 미술활동을 통해서 자신의 생각을 자유롭게 표현하는 가운데 기쁨을 느낄 수 있도록 해 주는 것이 중요하다. 미술활동 과정을 통해서 유아는 성취감을 느낄 뿐 아니라 자신의 내적 욕구를 해소할 수 있고, 이러한 감정은 유아가 미술활동을 할 수 있는 좋은 내적 동기가 된다.

내적 동기는 외부의 어떤 보상이나 동기보다도 강하며 지속적이다. 유아의 내적 동기를 끌어내기 위해서 교사들은 유아가 가지고 있는 일상적이지만 의미 있는 경험들을 다시 되새기고 지적으로 사고할 수 있도록 이끌어 주어야 한다.

이를 위해서 유아가 작품구상을 하기 전에 교사는 유아가 미술활동에 관심을 가질 수 있도록 주제나 소재에 대한 유아의 호기심을 자극하거나 유아가 미술의 조형적 요소에 대한 심미적 관점을 갖도록 해 준다.

주제에 대한 경험담을 이야기하거나, 주제에 관련된 사진을 보거나, 관련 소재를 직접 관찰하는 활동들은 유아의 동기 유발을 위해서 필요한 과정이다.

교사가 유아에게 동기를 부여할 수 있는 방법을 살펴보면 직접 체험하기, 상상력 자극하기, 시청각자료 활용하기 등이 있다(전성수, 2012).

(1) 감각적 요소 자극하기

인간의 감각은 시각, 청각, 미각, 후각, 촉각의 5가지로 분류할 수 있다. 감각적 요소 자극하기는 이러한 감각을 활용하여 유아가 주제에 관련된 소재를 직접 탐색하고 체험하는 방법이다. 주제와 관련된 소재를 준비하고 이것을 관찰하거나, 맛을 보거나, 냄새를 맡거나, 직접 만져서 촉감을 느끼게 한다(오연주 외, 2002).

(2) 상상력 자극하기

질문을 통해서 아이의 상상력을 자극함으로써 주제와 관련된 경험이나 공상을 떠올리게 하는 방법이다.

유아가 이전에 겪은 경험과 감정을 기억해 내고 그것을 표현할 수 있도록 교사가 섬세하게 질문을 한다. 또는 겪어 보지 못한 가상의 일들을 상상할 수 있도록 구체적인 질문을 한다.

예를 들어 '미래의 도시에는 집들이 어떤 모양을 하고 있을까?' '가족들이 가장 즐거웠을 때는 언제였니?' '○○은 어떻게 생겼니?' 와 같이 질문할 수 있다. 이때 교사는 대화를 통해서 아이의 머릿속에 있는 막연한 이미지를 구체적인 이미지로 바꿀 수 있도록 이끌어 주어야 한다.

(3) 시청각자료 활용하기

주제와 관련된 내용을 사진, 슬라이드, 멀티미디어 매체를 활용하여 시각적으로 보여 주고 음악이나 소리를 들려주는 방법이다.

(4) 현장체험하기

야외에 나가 꽃과 동물을 직접 관찰하거나 박물관이나 전시장에 가서 현장 체험을 한다.

(5) 동요, 동화, 동시, 율동 활용하기

주제와 관련된 동요를 율동과 함께 부른다든지, 이미지를 연상할 수 있는 동화나 동시를 감상한다.

3) 미술활동의 과정을 중요시하기

유아를 지도할 때, 결과보다는 과정 자체를 중요시해야 한다(Lowenfeld & Brittain, 2002). 그리고 미술활동의 목표가 완성된 결과물이 아니라 자기를 표현하고 자신의 정서를 표출하는 데 있다는 것을 일깨워 줄 필요가 있다.

4) 발달수준에 맞게 지도하기

교사는 유아의 미술 발달단계에 맞는 미술교육을 제공해야 한다. 유아의 능력을 넘어서는 수준의 미술활동과 지도는 바람직하지 않다. 교사는 유아 개개인의 능력을 파악하고 각자의 수준에 맞는 조언이나 지도를 해야 한다.

유아의 연령에 따라 일반적인 발달특성과 개인적인 특성이 존재하므로 융통성을 갖고 지도할 필요가 있다. 미술재료와 주제를 제시할 때에는 유아의 연령과 관심사를 고려해야 한다.

가령, 난화기의 유아에게 특정 결과물을 만들도록 하는 것은 바람직하지 못하다. 이 시기의 유아는 아직 근육조절 능력과 인지능력이 부족하므로 미술 재료들을 탐색하고 조작하는 데 초점을 두어야 한다.

그리고 도식기는 상징적인 형태개념과 공간 개념을 확립해야 하는 시기이므로 번지기 쉬운 수채물감보다는 연필이나 크레파스를 사용하는 것이 좋다.

여명기는 주변 세계와의 관계를 인식하고 형성하는 시기이므로 또래와의 관계를 맺는 데 필요한 사회성을 길러 주는 주제를 제시해 준다.

한편, 아동은 개인적인 성격에 따라 시각형, 촉각형으로 나뉠 수 있으므로 아동이 가질 수 있는 표현유형에 따라 달리 지도해야 한다(Lowenfeld & Brittain, 2002).

예를 들어 같은 주제를 표현하더라도 시각형의 아동은 보이는 것을 그대로 그리려 하고, 촉각형의 아동은 자신의 정서와 내부감정을 강조하여 표현하므로 교사는 그것을 알고 표현유형에 따라 다르게 동기를 부여하고 격려해야 한다.

5) 표현기법의 실험적 탐구활동

정형화된 그림 그리기나 만들기를 반복하는 것이 아니라 다양한 미술재료와 제작방법을 접목하여 예술적 기법을 창조적으로 탐구할 수 있도록 제시한다.

유아미술에서 중요한 것은 유아의 개성과 사고, 감정을 창조적으로 표현하는 것이다. 그런데 현재 미술교육에서 가장 흔한 미술재료는 8절 스케치북과 크레파스 혹은 물감이다. 획일적인 미술재료의 사용은 유아의 개성이나 느낌을 전달하는 데 바람직하지 않다. 미술의 조형적인 요소 중에서 재료의 사용과 그에 따른 질감의 표현은 창작자의 느낌이나 주제를 전달하는 데 있어서 상당히 큰 비중을 가지고 있다.

교사가 유아의 개성과 창조적인 표현을 길러 주기 위해서는 미술재료를 사용하는 데 있어 제한이 없어야 한다. 예를 들어 그림을 그릴 종이를 선택할 때에도 원이나 세모, 별 모양 종이와 같이 유아가 호기심을 가질 수 있는 것들을 준비하고 종이의 질감도 고려하여 거친 것부터 매끄러운 것까지 다양하게 준비한다.

그림 그리기 도구도 크레파스나 물감뿐만 아니라 사인펜, 색연필, 매직, 아크릴 물감, 형광펜, 파스텔, 마카 등 여러 가지로 다양해져야 한다.

뿐만 아니라 교사는 유아가 각 재료의 특성을 탐색하고 주제에 맞게 재료를 선택할 수 있는 안목을 길러 주고 서로 다른 미술재료를 혼합하여 새로운 기법이나 느낌을 탐색할 수 있는 방법을 제시해 주어야 한다.

6) 상호작용하기

교사는 유아의 미술활동을 자극하기 위해서 말이나 행동, 표정 등으로 유아와 상호작용하여야 한다. 교사는 작품활동을 시작하기를 두려워하는 유아가 없는지 살펴보고 이들이 용기를 갖고 시작할 수 있도록 격려해 주어야 한다.

그리고 활동 내내 유아가 무엇을 어떻게 하고 있는지, 즐겁게 활동에 임하고 있는지, 작품을 표현하는 데 기법상의 어려움을 겪고 있지는 않는지 등을 관찰해야 한다. 유아가 창작하는 과정에서 표현에 어려움을 겪을 때 교사는 유아와 함께 문제에 대해 고민을 하되, 유아가 스스로 해결할 수 있도록 유도해 주어야 한다.

특히 사고를 확장해 주는 질문은 유아가 새로운 아이디어를 얻을 수 있도록 도와주고 문제를 해결할 수 있는 실마리가 된다.

칭찬과 격려가 필요할 때 교사는 말과 행동으로써 아이에게 표현해 준다. 유아에게 칭찬을 해 줄 때, 막연하게 칭찬하지 않고 유아가 활동과정에서 보인 노력이나 표현기법 등을 구체적으로 지적하여 칭찬하는 것이 좋다.

또 지나친 칭찬의 남발은 미술활동을 하는 유아를 격려하지 못한다(이정욱, 임수진, 2013). 유아는 교사의 무조건적인 칭찬을 형식적인 것으로 이해하고 자신의 작품에 대해 관심을 가지지 않는다고 생각하기 때문이다.

7) 활동평가

유아는 자신이 정성을 다해 그린 그림이나 작품을 친구나 성인이 인정해 줄 때 창작에 대한 자신감과 성취감을 느낀다.

그러므로 미술활동이 끝나면 다 함께 모여 친구들과 작품을 감상하며 이야기할 수 있는 시간을 갖도록 하는 것이 좋다. 이때 교사는 작품의 결과를 '좋다' '나쁘다' 로 평가해서는 안 된다.

그보다는 상상력, 창의력과 색상, 선, 형태와 같은 조형적인 요소들에 대해서 칭찬을 해 주는 것이 좋다. 또 다른 유아들의 작품과 비교해서는 절대 안 된다. 다른 사람의 작품을 보고 활발하게 토론하고 발표하는 가운데 다른 사람의 생각이 나와 다름을 이해할 수 있도록 지도해야 한다.

유아의 미술활동에 대한 평가는 유아의 미술활동이 진행되는 경과와 변화과정을 관찰·기록하고 그것을 토대로 앞으로의 미술활동을 예측하여 교육과정을 계획·수립하는 자료가 된다.

미술활동 평가내용은 미술활동 과정, 유아의 감상능력, 창의력, 표현력, 미적 감각, 활동태도 등 미술활동에 필요한 전반적인 내용들이 모두 포함되는데 크게 탐색활동, 표현활동, 감상활동으로 구분할 수 있다.

탐색활동의 평가내용은 다음과 같다(박연호, 2001, 오연주 외, 2002에서 재인용).

- 재료의 특성을 발견하려고 노력하는가?
- 재료를 다루는 방법을 아는가?
- 다양한 소재를 활용하는가?

표현활동의 평가내용은 다음과 같다.

- 자신의 의지대로 모양을 그리거나 만드는가?
- 색을 감정에 따라 사용하는가?
- 무엇을 만들었는지 알아볼 수 있는가?

감상활동의 평가내용은 다음과 같다.

- 작품결과물에 대해 관심이 있는가?
- 자신의 작품이나 다른 사람의 작품을 보고 자신의 생각과 느낌을 말하는가?
- 자신의 작품주제와 표현방법에 대해서 설명할 수 있는가?

기타 친구들과의 상호작용 태도, 교사들과의 상호작용 태도, 작품과의 상호작용 태도까지도 평가내용에 포함될 수 있다. 유아평가와 더불어 교사에 대한 평가도 이루어지도록 한다. 교사에 대한 평가내용으로는 다음과 같은 사항들이 있다.

- 미술활동을 위한 환경이 되었는가?
- 미술활동이 목표와 계획이 명확했는가?
- 유아의 발달수준에 맞는 재료가 준비되었는가?
- 유아의 발달수준에 맞는 주제를 선정하였는가?
- 동기유발을 위한 준비가 있었는가?
- 유아와의 상호작용이 있었는가?
- 창의적 표현을 위한 지도를 하였는가?

8) 작품전시

전시공간을 마련하여 유아들이 만든 작품들을 전시한다. 이때 교사가 특정 작품을 선별하지 않고 모든 유아의 작품이 전시될 수 있게 한다. 전시된 작품은 비교 평가하지 않고 다른 사람의 작품에 관심을 가지고 감상하도록 지도한다.

유아는 자신의 작품이 여러 사람들에게 전시되는 경험을 통해서 작품에 대해 자부심과 긍지를 갖게 되고 표현력에 자신감을 얻는다.

그림 2-1 유아의 작품전시

4 미술작품 감상

유아미술교육은 자신의 느낌과 생각을 표현하는 표현활동과 아름다운 미술작품을 보고 느끼는 감상활동이 조화를 이루도록 해야 한다. 표현활동만으로는 유아의 미적 안목과 감각을 키우는 데 부족하므로 반드시 미술작품을 감상하는 활동이 병행되어야 한다.

이 절에서는 미술 감상활동의 의미와 지도 방법에 대해서 살펴본다.

1) 미술 감상활동의 의미

미술작품을 감상한다는 것은 작품의 가치를 인식하고 작품이 가지는 심미성에 감동을 받는 행위를 말한다.

예술작품은 아름다운 조형물 그 자체로도 의미가 있지만 창작자의 사상과 감정을 표출한 정신적인 산물이라는 점에서 중요한 의미가 있다. 그러므로 미술작품을 감상할 때에는 미술작품이 갖고 있는 조형적인 아름다움을 음미하고 작품 속에 담겨 있는 예술가의 사상에 공감할 수 있어야 한다.

유아미술교육에서 감상의 대상은 예술작품일 수도 있겠지만 미술활동의 결과로 나오는 자신과 친구들의 작품일 수도 있고 생활 속에서 볼 수 있는 자연과 조형물이 될 수도 있다(김향미, 2004).

예술작품을 감상하는 방법은 슬라이드, 비디오와 같은 매체를 통하여 간접적으로 보여 주는 것도 좋지만 전시장이나 박물관을 견학하여 실제 작품을 보는 것이 이상적이다.

그리고 화단에 있는 꽃이나 풀, 돌멩이와 같은 자연적 대상에서 조형적인 아름다움을 찾을 수도 있고 우리나라의 전통적인 기와집이나 문화재 등도 좋은 감상의 대상이 될 수 있다.

교사는 유아가 감상활동을 할 때, 대상에 대해 호기심을 가지고 미적 가치에 대해 생각할 수 있도록 이끌어 주어야 한다. 이때 교사는 유아의 지적 수준과 인지능력을 고려하여 수준에 맞는 지도를 해 주어야 한다.

미술 감상의 목적이 작품의 분석이나 지식의 전달이 아니라 유아가 작품의 아름다움과 가치를 알게 하는 것이므로 교사는 유아가 작품 감상을 통해서 간접적인 표현의 경험을 쌓고 감상을 통해 받은 감동을 원천으로 창조적인 표현 능력과 미적 감각을 기를 수 있도록 지도한다.

2) 미술 감상 지도방법

펠드만Feldman과 앤더슨Anderson은 아동의 효과적인 미술 감상을 위해서는 단계별 지도가 이루어져야 한다고 주장했다.

(1) 반응

아동이 미술작품을 처음 보고 드는 순간적인 생각이나 느낌을 이야기한다. 교사는 아동에게 질문을 던져 아동의 생각을 이끌어 낸다.

(2) 객관적 서술

작품에서 표현된 형태나 색상, 표현기법, 그림의 상황 등 조형적인 요소나 객관적인 내용을 중심으로 설명한다.

예) 굵은 선을 이용하여 사람을 그렸어요.
이 그림은 소풍 가는 풍경을 그린 거예요.
밝은 빨강으로 태양을 참 예쁘게 표현해 주었군요.

(3) 분석적 설명

작품 속의 형태와 색상, 질감, 구도 등이 서로 어떻게 어울리는지 그리고 그것들이 어떤 느낌을 주는지 분석하여 설명한다.

예) 하늘을 어두운 파란색과 밝은 파란색을 잘 섞어서 표현해서 맑은 하늘색이 되었어요.
거친 붓 느낌과 어두운 갈색으로 구불구불한 오솔길을 잘 표현했어요.
어두운 색과 밝은 색이 어디에 칠해져 있나요?

(4) 해석

작품을 통해서 작품을 만든 사람이 무엇을 표현하려 하는지, 즉 작품의 주제와 의미를 파악한다. 작가의 생각이나 정서를 이해하는 과정으로 일방적인 전달보다는 대화를 통해서 아동이 스스로 생각하고 유추할 수 있도록 지도한다.

(5) 평가

마지막으로 이전 단계에서 분석을 통해 알아낸 조형적인 요소와 예술적 표현, 주제 및 작품의 의미 등을 토대로 작품 감상을 마친 후 드는 여러 가지 생각을 종합 · 정리하여 발표하도록 한다. 이때 아동의 주관적인 생각이나 느낌을 자유롭게 발표할 수 있어야 한다.

Chapter

03

조형의 이해

1. 조형의 의미
2. 조형심리
3. 조형요소와 조형원리

인간은 자연의 동물과 식물 그리고 어떤 자연현상을 보고 아름다움을 느낀다. 그리고 감각기관을 통해 느낀 여러 형태가 조형이라는 수단을 통해 다시 표현될 때, 우리는 창작의 기쁨을 느낀다.

조형이란 인간이 자신의 사상이나 관념을 미적으로 재구성하는 것인데 이 과정에서 예술가는 여러 가지 심미적인 요소와 원리를 가미한다. 아동의 미적 감각은 좋은 조형작품 감상을 통해서 길러지며 이러한 경험을 통해 미술작품의 가치와 조형의 원리를 간접적으로 경험하게 된다.

교사가 아동에게 조형의 원리를 이론적으로 가르치는 것은 아동미술교육에서 바람직하지 않다. 그러나 교사는 미술작품 속에 담겨 있는 여러 가지 조형의 요소와 원리들을 이해하고 이를 바탕으로 아동이 미술작품을 감상하는 데 도움을 줄 수 있어야 한다.

1 조형의 의미

조형미술, 즉 plastic art의 어원은 그리스어의 플라스티케plastique 또는 플라소plasso다. 플라스티케는 조각에 있어서 여러 가지 원리를 뜻하였고 18세기에는 조각에서 모델링을 의미하였다(오근재, 1991). 또 플라소라는 말은 중세에 무엇을 형성하는 힘을 지닌 것이라는 의미였는데 르네상스 시대에서는 형태의 범위에 속하는 것이라는 의미로 쓰였다.

18세기에는 자연을 모방하는 것이라는 의미로 쓰였다가 오늘날에는 그 의미가 변화·확대되어 조형활동의 주체가 되는 인간이 자신의 사상이나 관념을 객관화하는 과정에서 예술가가 재료의 가공을 거쳐 만들어 내는 다양한 표현을 의미한다.

조형의 범위를 넓게 보면 미술에 있어서 회화, 조각, 공예, 디자인 등의 의도를 갖는 표현 처리이며, 좁게는 입체조형에서 색이나 형, 소재나 빛 등을 이용하여 형체를 만드는 것이다.

조형의 표현방법을 구분하면 재현적 표현, 추상적 표현, 사고적 표현, 적응적 표현방법이 있다(쓰지 히로시, 스기야마 아키히로, 1986). 각각의 표현방법을 살펴보면 다음과 같다.

1) 재현적 표현

자연의 형태를 모방·재현하는 표현방법이다. 자연에서 미적 질서의 법칙을 발견하고 이상을 실제화하여 물物로써 표현한다.

그림 3-1 재현적 표현: 다비드, 〈마라의 죽음〉

2) 추상적 표현

작품의 대상이 되는 인간, 동물, 식물, 환경과 같은 자연물을 사실적으로 재현하지 않고 관념적으로 표현하는 방법이다. 대상의 사실적인 재현보다는 실체가 가지고 있는 본성이나 본질과 같은 관념을 중요시한다.

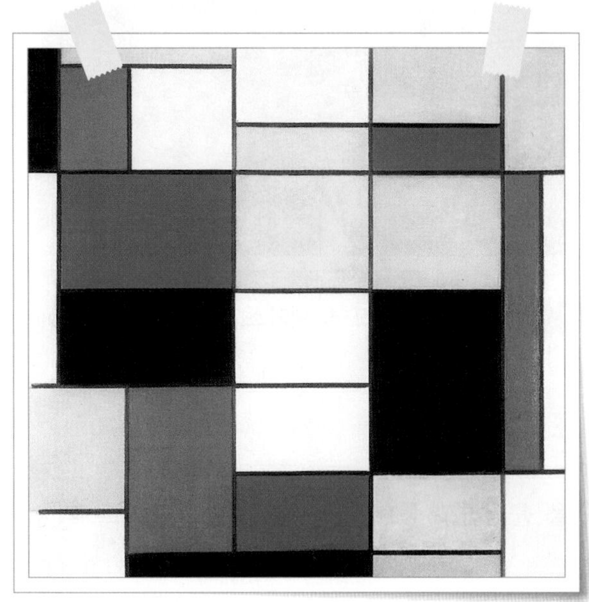

그림 3-2 **추상적 표현: 몬드리안, 〈구성〉**

3) 사고적 표현

작품의 대상을 자연물이나 구체적인 사물에서 찾지 않고 인간의 사고과정이나 개념을 시각화하여 표현하는 방법이다. 작품 속에 나타나는 대상의 왜곡, 과장, 축소의 기법이 담고 있는 의미를 이해하는 것이 중요하다.

그림 3-3 사고적 표현: 피카소, 〈아비뇽의 처녀들〉

4) 적응적 표현

우리의 생활을 윤택하고 풍요롭게 하기 위한 목적으로 기능성을 가지고 있는 조형물을 만드는 방법이다.

그림 3-4 적응적 표현: 나전칠기

조형 활동의 특징으로는 독자성, 자율성, 순수성이 있다(오근재, 1991).

독자성이란 다른 어떤 작가와 달리 자신만의 고유한 모양이나 특징을 의미하고 자율성이란 작품의 형태를 표현할 때 재료의 특성이나 실제 모양을 따르지 않고 작가의 생각과 의지에 따라 정하는 것이다.

순수성이란 형shape이나 형태form가 가지고 있는 본질적이고 단순한 모양에서 나오는 미적 아름다움을 말한다.

우리는 자연의 동물과 식물 그리고 어떤 자연현상을 보고 아름다움을 느낀다. 그리고 자연으로부터 받은 감동을 표현하고자 하는 본능적인 욕구를 가지고 있다.

마찬가지로 아동은 누가 가르쳐 주지 않아도 본능적으로 벽에 낙서를 하고 물건을 쌓기도 하며 종이를 접는다. 아동의 이러한 놀이는 최초의 조형행위라고 할 수 있는데 아동의 조형작품은 성인의 작품과는 많은 차이가 있다.

아동의 조형작품을 이해하기 위해서는 우리가 사물을 대하는 지각심리를 이해할 필요가 있다.

인간은 눈이라는 감각기관을 통해 사물을 지각하는 데 있어 모든 자극을 수용하지 못하고 선택적으로 정보를 수용하게 된다. 그리고 그것을 다시 총체적으로 종합하여 느낌과 생각을 만든다.

우리의 머리가 기억하는 사물의 이미지는 이러한 지각과정의 결과이며, 조형이란 이러한 선택적 지각에 의해 만들어진 느낌과 생각을 감성적으로 표현한 것이다.

따라서 아동이 조형활동을 할 때에는 실제 모양을 재현하려고 애쓸 필요가 없다. 그리고 감성적 표현은 기능이 아니라서 반복적인 학습으로는 성취될 수 없다.

교사는 아동이 많은 조형적 경험을 할 수 있는 기회를 제공하고 스스로 조형의 아름다움과 사물의 구조를 이해할 때까지 기다려 줄 필요가 있다.

그림 3-5 **지각심리의 예**

2 조형심리

조형활동은 시지각에만 관련된 것처럼 보이지만 실제로는 우리의 심리작용에 의한 결과물이라고 할 수 있다. 다시 말해서 조형작품은 우리가 가지고 있는 마음속 이미지, 즉 심상이라 할 수 있다.

심상은 그 대상과 닮을 수도 있고 그렇지 않을 수도 있다. 중요한 것은 그 대상을 바라보는 사람의 관점에서 심상은 그 대상의 근원이며 본질이라는 점이다. 이와 같이 사물을 보는 심리를 아는 것은 아동의 조형활동을 이해하는 데 바탕이 될 것이다.

인간이 사물을 보고 아는 것은 모든 부분을 섬세하게 관찰한 결과가 아니라 사물이 가지고 있는 특징과 관심 있는 특정 부위를 보고 기억하는 것이다. 이것은 인간이 어떤 사물을 볼 때 있는 그대로를 보지 않고 어떤 지각 패턴에 따라 보고 기억한다는 것을 의미한다.

이러한 패턴은 복잡한 것을 단순하게 보려고 하고 불규칙한 것을 되도록이면 규칙적인 모양으로 보려는 경향이다. 지각 패턴은 거의 모든 사람들이 가지고 있는 보편적인 특징이며 태어날 때부터 지니고 있는 것이다(오근재, 1991).

이러한 조형심리에는 간결성, 근접성, 유사성, 연속성, 폐쇄성과 친밀성 등이 있다.

1) 간결성

조형에서 '간결성' 이란 형태를 이루는 구성요소가 적어 모양이 단순함을 나타내는 것이라고 생각하기 쉽다. 그러나 조형심리에서의 간결성이란 모양의 단순함만을 의미하지 않는다.

모양을 이루는 구성요소가 많아도 안정적인 패턴을 가지고 있다면 간결한 모양이 된다. 즉, 간결성이란 작품을 꾸미는 조형요소의 수가 적다는 뜻이 아니라 조형요소들이 질서와 규칙을 가지고 배열되어 있음을 의미한다.

[그림 3-6]의 인디언의 토템 조형물을 살펴보면 독수리의 날개를 비롯해 머

그림 3-6 간결성

리와 몸통에는 수많은 기하학적인 문양들로 치장이 되어 있는데 그것이 일정한 규칙을 가지고 정렬되어 있음을 알 수 있다.

다시 말해서 많은 수의 조형요소가 있지만 그것이 일정한 패턴을 이루고 있어 안정적이며 간결한 느낌을 받는다.

2) 근접성

두 개 혹은 그 이상의 시각적 조형 요소가 서로 근접할수록 하나의 덩어리처럼 보인다. [그림 3-7]을 보면 왼쪽의 사각형들은 수직선으로 보이고, 가운데는 사각형, 오른쪽은 수평선으로 보인다.

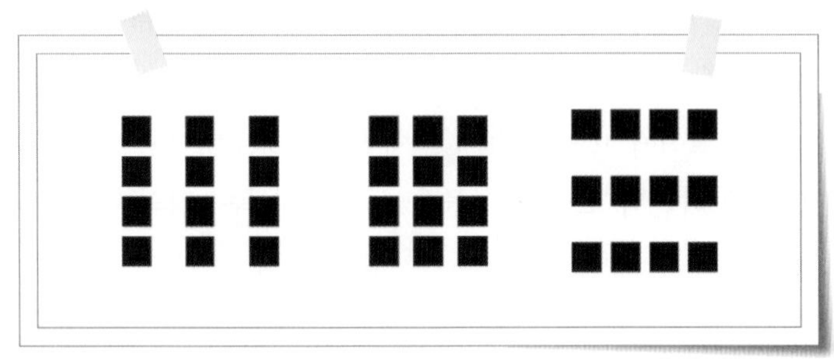

그림 3-7 **근접성**

3) 유사성

비슷한 형태나 크기, 색상끼리는 자연스럽게 하나의 묶음으로 보이는 경향이다.

[그림 3-8]을 보면 검은색 사각형과 회색의 사각형, 그리고 검은색의 원들이 한데 섞여 있지만 그 모양과 색이 끼리끼리 모여 있어서 각각의 덩어리로 쉽게 구별된다.

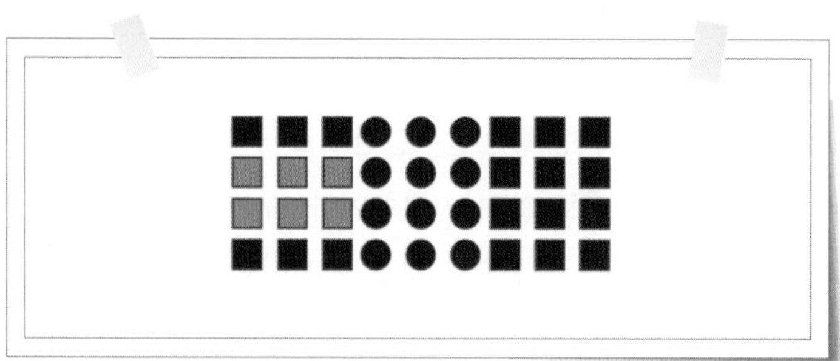

그림 3-8 **유사성**

4) 연속성

조형요소들이 일정한 방향으로 나란히 붙어 있을 때 우리의 뇌는 일정한 패턴을 지각하는데 이를 연속성이라고 한다.

우리의 눈은 불연속적인 것보다는 점이나 선, 면이 계속 연속성을 가질 때 그것에 초점을 맞추게 된다. 이는 우리의 뇌가 대상을 인지할 때 일정한 패턴을 찾으려고 하기 때문이다.

[그림 3-9]는 많은 원으로 구성되어 있는데, 우리는 이것을 사각형 라인을 만드는 원과 동그라미의 라인을 만드는 원으로 구별해서 볼 수 있다.

그림 3-9 **연속성**

5) 폐쇄성

조형요소들이 어떤 전체 형태의 일부분만으로 구성될 때, 나머지 부분을 유추하여 하나의 완성된 형태로 보려는 경향이다. 우리는 불완전한 형태와 패턴을 보게 되면 부족한 부분을 상상으로 보충하고 이를 완전한 형태로 보려고 하는 경향이 있다.

[그림 3-10]에서 A 모양과 B 모양은 형태의 일부가 사라졌지만 우리는 그것을 A와 B로 인식하는 데 어려움이 없다. 그것은 사라진 부분을 우리의 뇌가 상상력으로 메워서 보기 때문이다.

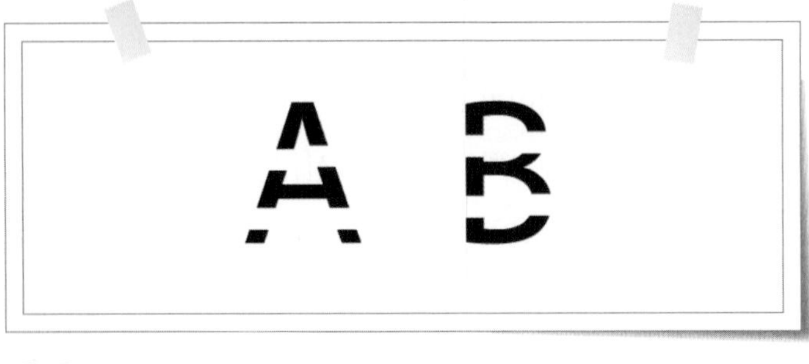

그림 3-10 **폐쇄성**

6) 친밀성

지각된 조형물이 익숙하지 않은 형태일 경우 혹은 불완전한 형태일 경우, 보는 이의 경험에서 익숙한 형태와 연관지어서 보려는 경향이다.

우리의 눈은 [그림 3-11]을 측면에서 본 사람의 얼굴과 새로 유추할 수 있다. 실제 사람의 얼굴 모양이나 새의 모양과는 거리가 멀지만 경험적으로 우리가 친밀하게 봐 왔던 형태이므로 그것이 사람의 얼굴과 새를 나타내는 표상임을 알 수 있다.

그림 3-11 **친밀성**

3 조형요소와 조형원리

우리가 쓰는 말이 문법이라는 기호의 의미체계에 따라 의미를 전달하듯이 시각예술에서는 미술의 문법이라 할 수 있는 조형의 구성원리에 따라 조형의 요소를 조합하여 의미를 표현한다(윤민희, 2008).

조형요소는 점, 선, 면, 형태, 색, 재질, 소재, 공간과 같은 시각적 요소이며 조형원리는 여러 시각적 요소를 조합하는 원리다.

조형원리에는 통일, 균형, 리듬, 크기, 비례 등이 있는데 이 원리들이 미적으로 적절하게 조합되었을 때 하나의 작품 양식과 내용이 창조된다. 아울러 작품을 보는 우리는 심미적인 아름다움을 느낄 수 있다.

결국, 조형형태를 창출하는 조형표현 활동의 과정은 형shape, 색color 재료material 등의 조형요소들을 잘 구성하여 그것들이 서로 연관성을 가지고 상호작용하도록 만드는 것이다.

1) 조형요소

(1) 점

기하학에서의 점은 위치는 있지만 크기가 존재하지 않는 가장 간결한 형태의 표식이며, 최소한의 형태를 나타낸다. 그러나 조형에서의 점은 작고 둥근 원으로 대표되고 크기와 모양은 있지만 정형적인 형태를 가지지는 않는다.

현실적인 형태로서의 점은 무한히 반복되어 선과 면과 형태를 만들어 낸다. 반복적으로 연속해서 표시된 점은 선을 만들고 선들이 서로 무한 반복으로 교차하여 2차원의 면을 만든다. 그리고 점을 이용해서 색·명암·부피·깊이를 3차원적으로 표현하여 입체감 있는 형태를 만든다.

그림 3-12 점을 이용하여 빛과 형태를 표현하는 점묘법: 쇠라, 〈퍼레이드〉의 일부분

(2) 선

선의 개념은 점이 이동한 궤적이지만 조형에서의 선은 형shape을 만드는 조형요소다. 기하학적 정의로 보았을 때, 선은 크기를 가지지 않은 점으로 이루어져 있으므로 선 또한 굵기나 면적을 가질 수 없다. 그러나 조형요소로서의 점은 지각되는 것이고 그 크기를 가지는 것이므로 선 또한 일정한 굵기와 면적을 가진다.

조형에서 선은 구체적인 형을 표현하고 선의 다양한 표현에 따라 사물의 모습뿐 아니라 감정을 전달하는 표현의 매체가 되기도 한다.

선은 기능적으로 사물과 사물의 경계를 나타내고 사물의 존재나 외곽을 표시하며 위치와 방향성을 갖는다. 뿐만 아니라 선만으로도 감정이나 추상적 이미지를 표현할 수 있다.

선으로 표현된 작품에는 크게 평면적인 것과 입체적인 것이 있다. [그림 3-13]은 선으로만 몸의 형태를 표현한 작품이다. 왼쪽 하단의 몸은 선을 이용하여 평면적으로 표현하였고 오른쪽 상단의 몸은 입체적으로 표현한 것이다.

그림 3-13 **선으로 표현된 형태: 미켈란젤로, 〈스케치〉**

(3) 면

점의 괘적이 선을 이루고 그 선이 모여 면을 형성한다. 개념적으로 면은 길이와 폭은 존재하나 깊이는 없는 시각의 대상으로 존재한다. 개념적으로 면은 부피를 가질 수 없지만 조형적 요소로서의 면은 물체의 표면이나 단면을 나타내기도 하고 다른 요소와 마찬가지로 두께도 있고 색도 있으며 재질도 있다.

조형예술에서 면은 부피를 갖는 3차원적 형태를 만들기도 하고 2차원적 평면 형태를 만들기도 한다. 모든 평면적 형태는 외곽선으로 이루어지고 형태의 전체 면적이 곧 면이 된다. 다시 말해서 면은 형태를 생성하는 요소로서, 면의 경계나 윤곽선의 모양에 의해서 형태가 결정되는 것이다.

면의 대표적인 형shape은 원형과 삼각형, 사각형이 있다. 원은 가장 간결한 형으로 안정성과 자기 구심성을 갖고 있다. 삼각형은 방향성을 가지고 안정성과 불안정성을 동시에 갖는다(김미옥, 백숙자, 2000). 정삼각형의 경우에는 안정성을 가지지만 역삼각형일 경우에는 불안정성을 표현한다. 사각형은 다른 형에 비해서 단조롭지만 정적인 힘과 강함을 표현할 수 있다.

(4) 형태

일반적으로 조형에서 형shape과 형태form는 혼용되어 전반적 · 외적인 스타일을 말할 때 사용되는데 엄밀하게 말해서 두 개념은 서로 다른 것이다.

형이 2차원적 · 평면적인 형상의 개념으로 사용되고 형태의 실루엣을 강조하는 측면이 있다면, 형태는 조각이나 건축 등 3차원적 · 입체적인 덩어리의 형상을 일컫는다(윤민희, 2008).

형태는 크게 구상적 형태, 추상적 형태, 반추상적 형태로 분류할 수 있다. 구상적 형태는 자연, 사물과 같은 구체적인 형태가 있는 대상을 구체적으로 표현하는 것이고 추상적인 형태는 구체적인 형태를 알 수 없는 기하학적인 형태로 그 대상을 표현하는 것이다.

반추상적인 형태는 구상과 추상의 중간단계에 있는 형태를 말하는데 기존의 대상을 있는 그대로 재현하지 않고 예술가의 생각과 감정에 따라 형태를 변형하거나 왜곡하여 표현하는 것이다.

구상적 형태:
미켈란젤로, 〈다비드상〉

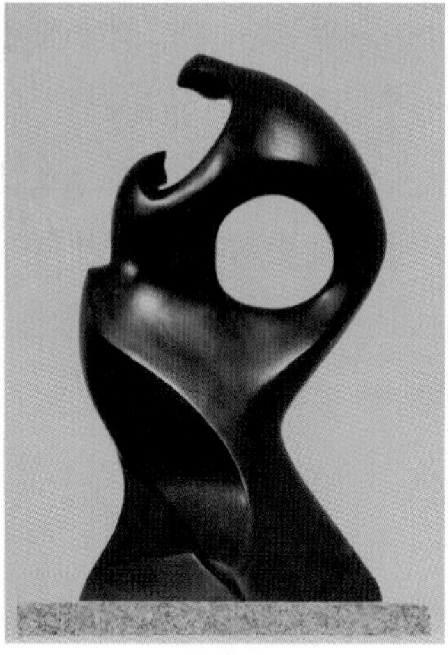

추상적 형태:
김영중, 〈무제〉

반추상적 형태:
이동섭, 〈무제〉

그림 3-14 구상적 형태, 추상적 형태, 반추상적 형태

(5) 색

색은 물체의 표면이 가지는 빛의 반사율에 따라 반사된 가시광선을 우리의 망막이 받아들이고 그것을 시신경을 통해 뇌로 전달하는 과정을 거쳐 지각된다. 색이 일단 뇌에 의해 인식된 이후에는 감정을 불러일으키는 심리적 요인이 된다.

색채에 대한 감정은 자연환경과 관련된 경험적인 부분과 사회·문화적으로 학습된 부분이 있다. 색은 단색만으로 아름답다거나 추하다를 판단할 수 없고 다른 색과의 배색에 따라 달라지는데 이러한 배색은 개인이 처한 사회적·문화적 환경에 따라 심미적 가치가 달라진다.

여러 가지 색은 먼셀Albert H. Munsell, 오스트발트Wilhelm Ostwald 표색기 등의 기준에 의해서 색상, 명도, 채도가 구분된다. 색상은 빨강, 주황, 노랑, 초록과 같은 색의 이름이고 명도는 색의 밝기, 채도는 다른 색과 섞이지 않은 색의 순수한 정도를 뜻한다.

(6) 재질

재질은 시각적, 감각적으로 느끼는 표면의 질감으로, 본래 그 물질이 갖고 있는 표면의 고유성질을 말한다. 부드러움과 거침, 차가움과 따뜻함, 까칠함과 부드러움, 광택의 유무 등 자연에서 발견할 수 있는 질감은 수없이 많이 존재한다.

재질은 작품 표현방법에 있어서 감상자의 감정과 흥미를 유발시킬 수 있는 중요한 표현요소다(Barnet, 1995). 조형요소로서의 재질을 촉각적 재질과 시각적 재질로 구분할 수 있다. 촉각적 재질은 실제로 만져서 피부로 느낄 수 있는 재질을 말하고 시각적 재질은 평면조형에서 실제가 아닌 시각적으로만 존재하는 질감이다.

(7) 소재

소재는 제품을 만드는 재료, 혹은 재료의 원료가 되는 것, 작품을 만드는 구성요소나 모티프를 말한다. 종이, 금속, 물감, 플라스틱과 같은 인공물이나 돌, 나무, 모래와 같은 자연물 등 거의 모든 물체들이 소재로 활용될 수 있다.

이러한 다양한 소재의 체험은 아이디어를 구체적으로 실현시키는 과정에서 많은 가능성을 제시해 준다. 다양한 소재의 특성을 알지 못하면 표현의 범위가 그만큼 줄어들고 원하는 아이디어를 효과적으로 전달할 수 없다.

(8) 공간

작은 물건에서부터 큰 건축물에 이르기까지 이 세상의 모든 것은 3차원 공간에 존재하고 모든 조형은 공간 속에 존재한다. 공간은 사물과 사물 사이의 간격, 사물과 배경 사이의 거리, 일정한 범위 내의 환경이라고 할 수 있다.

입체적인 형태form뿐만 아니라 평면적인 형shape 또한 공간 속에 존재한다. 조형예술에서의 공간은 2차원, 3차원, 4차원의 공간으로 분류되고 2차원의 공간은 그림과 같은 평면미술에서 표현된다.

평면미술에서의 공간은 환영의 공간으로 실제로는 존재하지 않는 개념적인 것이다. 3차원의 공간은 조각이나 건축 등 실재하는 공간으로 입체적인 조형활동이 이루어지는 곳이다. 4차원의 공간은 시간의 개념이 추가된 것이며 시간에 따라 움직임이 있는 곳이다.

2) 조형원리

조형예술은 시각예술이므로 작품을 만드는 창작자는 자신의 생각과 의지를 감상자에게 잘 전달할 수 있도록 시각적인 언어로 표현하여야 한다. 어떤 이미지를 창출하기 위해서 점, 선, 면과 같은 조형요소를 조화롭게 구성하는 원리를 조형원리라 한다.

조형원리의 종류에는 반복repetition, 비례proportion, 변화variety, 균형balance, 대칭symmetry, 대조contrast, 리듬rhythm, 조화harmony 등이 있는데 이러한 것들은 각각 개별적으로 존재할 수 없고 서로 혼재되어 조화를 이루며 상호작용하는 가운데서 미적 가치를 창출한다.

구성은 공간에 조형요소를 아름답게 배치하는 것으로 같은 조형적 요소라 할지라도 그것을 어떤 원리나 방법으로 배치하였느냐에 따라 느낌과 분위기가 달라진다.

(1) 비례

비례는 조형요소들끼리의 상대적이며 조화로운 크기의 배열로 부분과 전체, 혹은 부분과 부분과의 상호관계 속에서 찾을 수 있다. 한 요소의 크기만으로는 비례의 가치를 가질 수 없고 다른 요소와의 비교를 통해서만 비례를 인식할 수 있고 미적 가치를 가진다.

안정감 있는 비례는 심리적으로 편안함과 조형의 안정감을 주는데, 이렇게 심리적으로 최적화된 비례를 황금분할 또는 황금비율이라고 한다.

황금비율은 가로와 세로의 비율이 5:8을 이루는 것을 말한다. 황금비율은 그리스 · 르네상스 시대의 예술작품에 많이 적용되었으며 다슬기, 조개와 같은 자연물에서도 상당히 많이 발견된다.

가로 · 세로가 황금비율로
제작된 파르테논 신전

그림 3-15 **황금비례**

(2) 균형

균형이란 어떤 구조에서 모든 힘들이 평형을 이루거나 치우침이 없도록 분산된 상태를 말한다. 눈으로 볼 수 있는 사물뿐 아니라 눈으로 볼 수 없는 자연환경 속에서도 균형은 존재한다.

조형에서 균형은 하나의 시각적 조건에서 볼 때 형태와 색채, 크기 등이 서로 양적 · 질적으로 치우침 없이 질서를 유지하는 것이다. 균형의 종류로는 대칭적 균형symmetry balance과 비대칭적 균형asymmetry balance, 방사형 균형이 있다.

대칭적 균형은 흔히 좌우대칭이라고 하는데, 좌우 반쪽이 서로 똑같은 상태를 말한다. 좌우대칭은 심적으로 안정감을 주지만 단순함에서 오는 지루함도 느낄 수 있다.

비대칭적 균형이란 질량과 관계된 균형이다. 구성요소의 크기는 서로 다르지만 물체에 주어지는 힘의 강도가 서로 다르기 때문에 시각적 균형을 이루는 상태다. 지렛대가 있는 시소 위에 큰 물체와 작은 물체를 올려 놓고 힘의 균형을 맞추기 위해서 각각의 위치를 서로 다르게 배치하는 원리다.

방사형 균형은 중심점을 축으로 해서 구성요소들을 배치하는 것으로 중앙을 강조하는 효과가 있다.

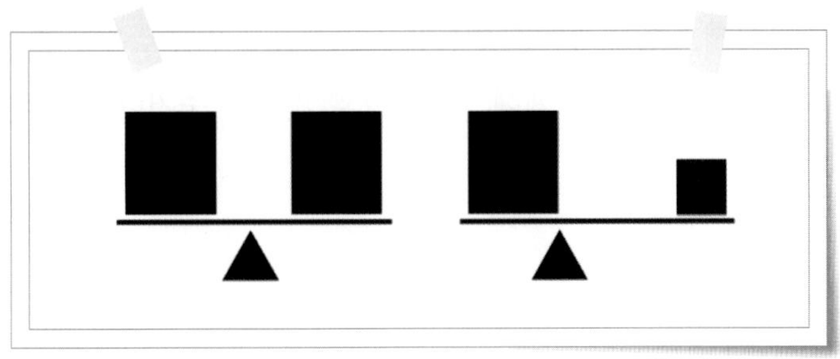

그림 3-16 **대칭적 균형과 비대칭적 균형**

(3) 리듬

구성요소들이 일정한 간격을 두고 연속적으로 반복되는 상태를 의미한다. 음악의 선율과 같이 조형표현에서의 리듬은 일련의 형태나 색채가 연속된 구조로 짜여 있어 시각적으로 강한 이미지를 만들 수 있다.

그림 3-17 **브리짓 라일리, 〈흐름 No.2〉**

리듬은 시각적으로 강한 부분과 약한 부분이 각각 구분되고 그것이 연속성을 이루어 동적이고 경쾌한 느낌을 준다.

리듬의 유형에는 규칙적 리듬, 변화적 리듬, 점진적 리듬이 있는데, 동일한 구성요소가 규칙적으로 반복되는 리듬은 시각적으로 단조로움을 줄 수 있기 때문에 구성요소의 모양이나 색체에 부분적으로 변화를 주거나 점진적인 변화를 줄 수 있다.

(4) 강조

강조는 특정 부분을 강하게 표현하는 것이다. 강조를 위해서는 크기의 변화나 색채의 변화를 이용할 수 있다. 강조는 통일된 가운데에서 강한 변화를 주는 것이므로 시선을 끌어당기는 요인이 된다.

강조의 전제 조건은 주요소와 부요소가 공존해야 한다는 것이다. 주요소가 너무 많으면 오히려 시선을 분산시키고 혼란스러우므로 부요소가 전체적인 공간을 지배하고 있는 가운데 주요소가 부분적으로 자리 잡아야 한다. 강조를 하기 위해서 구성요소의 크기나 색채를 강하게 대비시킬 수 있다. 그리고 특정 부위에 질감의 변화를 주는 것도 좋은 방법이다.

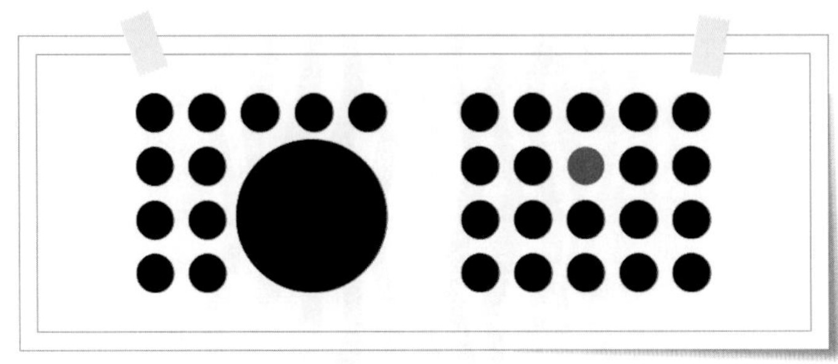

그림 3-18 **크기의 강조와 색의 강조**

(5) 반복

반복은 동일하거나 유사한 단위형태를 반복해서 구성하는 것으로, 단순하면서 통일된 이미지를 표현할 수 있다.

가장 일반적인 반복은 형태와 크기의 반복으로, 한 공간 안에서 같은 모양이

서로 다른 크기로 반복될 수도 있고, 서로 다른 모양이 같은 크기로 반복될 수 있으며, 같은 모양이 같은 크기로 반복될 수도 있다.

단위형태의 반복은 새로운 군집된 형태를 만들므로 단조로우면서도 강한 응집력을 보여 준다.

형태와 크기뿐 아니라 위치, 방향, 색을 이용한 반복도 있는데, 1960년대 발생한 옵아트Opart의 대표작가 바자렐리의 작품들을 살펴보면 형태와 크기, 위치, 방향, 색의 반복이 잘 나타나 있다.

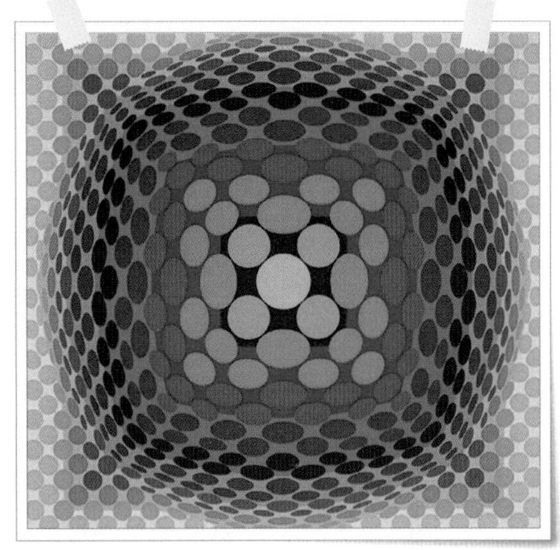

그림 3-19 **형태와 크기, 위치, 방향, 색의 반복이 있는 옵아트: 바자렐리, 〈Composition〉**

Chapter

04

누리과정 미술영역 창작활동

1 3세 누리과정

2 4세 누리과정

3 5세 누리과정

1 3세 누리과정

1-1. 강아지를 만들어요
1-2. 눈사람 만들기
1-3. 친구 얼굴 만들기
1-4. 나만의 화분 만들기
1-5. 나의 수족관
1-6. 재미있게 꾸며요
1-7. 수족관을 만들어요
1-8. 복어 만들기
1-9. 자연풍경 꾸미기
1-10. 나만의 왕관 만들기
1-11. 무늬 만들기
1-12. 손바닥을 꾸며요
1-13. 내 친구 만들기
1-14. 나만의 나무 만들기

강아지를 만들어요

| 주재료: 식빵 |

활동목표	3세 누리과정 관련 요소	창의 · 인성 관련 요소
• 활동을 통하여 식빵의 특성에 대해 알고 이해한다. • 식빵으로 다양하고 창의적인 모양의 강아지를 만든다.	• 신체운동, 건강, 건강하게 생활하기 - 바른 식생활 하기 • 예술경험: 예술적으로 표현하기 - 미술활동으로 표현하기	• 창의성: 동기적 요소 - 호기심, 흥미

활동자료

식빵, 쟁반, 강아지 사진, 공작용 완구 눈알

활동방법

1) 식빵을 보면서 함께 이야기를 나눈다.
   - "식빵은 어떻게 생겼어요?"
   - "식빵의 느낌은 어때요?"
2) 강아지 사진을 보면서 함께 이야기를 나눈다.
   - "강아지는 어떻게 생겼어요?"
   - "강아지의 종류는 어떤 것들이 있는지 볼까요?"
3) 활동을 소개하고 활동을 해 본다.
   - "여기에 있는 식빵으로 강아지를 만들어 볼 거예요."
   - "아까 보여 준 강아지 사진 보았죠?"
   - "그 강아지처럼 한번 만들어 볼까요?"
   - "다 만든 후에 강아지를 한번 소개해 보자."

활동 시 유의점

1) 유아들의 청결을 위해 교사는 비닐장갑을 준비해 준다.
2) 옷에 빵가루가 묻지 않도록 앞치마를 착용하게 한다.

활동평가

1) 식빵을 이용하여 창의적으로 만드는지 평가한다.
2) 활동을 통하여 식빵의 특성에 대해 알고 이해하게 되었는지 평가한다.

확장활동

1) 다른 친구들의 작품도 감상해 본다.
2) 미술영역에 반 친구들의 강아지를 모아 놓고 배경을 꾸며 본다.

1-2 눈사람 만들기

| 주재료: 과자 |

활동목표	3세 누리과정 관련 요소	창의 · 인성 관련 요소
• 다양한 재료를 사용하여 부모님께 드릴 선물을 만들 수 있다. • 부모님께 감사한 마음을 가진다.	• 사회관계: 가족을 소중히 여기기 – 가족의 의미와 소중함을 안다. • 예술경험: 예술적 표현하기 – 협동적인 미술활동에 참여하여 즐긴다.	• 창의성: 인지적 요소 – 사고의 확장 • 인성: 효 – 부모에 대한 효

활동자료

일회용 접시 2개, 단추, 2개, 물엿, 과자(유아가 먹고 싶은 과자), 눈사람 사진

활동방법

1) 부모님께 감사한 마음에 대해 이야기를 나눈다.
   - "너희들은 부모님께 평소에 어떤 마음을 가지고 있니?"
   - "언제나 감사하다는 생각이 드니?"
2) 각자 눈사람을 만들어 본 적이 있는지 함께 이야기를 나눈다.
   - "너희들은 혹시 눈사람을 만들어 본 적 있니?"
   - "눈사람은 어떻게 생겼을까?"
   - "오늘은 선생님이 여러분과 맛있는 팝콘으로 눈사람을 만들어 볼 거예요."
   - "여러분이 만든 눈사람을 부모님에게 선물해 볼까요?"
   - "오늘 다 같이 가져온 준비물로 눈사람을 만들어 볼까요?"
3) 각자 만들고 싶은 눈사람을 만든다.
4) 자신이 만든 눈사람을 친구들에게 소개한다.

- "○○○이는 어떤 눈사람을 만들었니?"
- "만들면서 어떤 느낌이 들었니?"
- "집에 가서 부모님과 같이 먹으면 어떤 기분이 들 것 같니?"

활동 시 유의점

1) 과자를 붙일 때는 물엿을 이용한다.
2) 활동이 끝나고 과자를 먹기 전에 단추를 반드시 제거한다.

활동평가

1) 눈사람 만들기를 할 때 다양한 재료를 사용했는지 활동과정을 통해 평가한다.
2) 만들기를 할 때 적극적으로 참여했는지 관찰한다.

확장활동

1) 유아가 만든 눈사람을 부모님께 드린 후, 부모님의 반응을 유치원 또는 어린이집에서 소개해 보는 시간을 가질 수 있다.
2) 눈 이외에 차가운 것은 무엇이 있는지 이야기해 볼 수 있다.

친구 얼굴 만들기

| 주재료: 식빵 |

활동목표	3세 누리과정 관련 요소	창의 · 인성 관련 요소
• 친구의 얼굴을 만들 수 있다. • 빵과 과자를 이용해 친구의 얼굴을 만들 수 있다.	• 사회관계: 나를 알고 존중하기 – 나를 알고 소중히 여기기 • 예술경험: 예술적 표현하기 – 미술활동으로 표현하기	• 창의성: 동기적 요소 – 호기심, 흥미

활동자료

식빵, 물엿, 여러 가지 과자 등

활동방법

1) 친구의 얼굴 표정을 살펴본다.
   - "우리 친구의 표정이 어떠니?"
2) 사진이나 책을 통해서 사람들의 얼굴 또는 표정을 유심히 살펴본다.
   - "사진 속에 있는 사람이 무슨 표정인지 말해 볼 친구는?"
3) 식빵 또는 과자로 무슨 표정을 만들 수 있는지 토의해 본다.
   - "얘들아, 식빵이나 과자로 얼굴을 만들 수 있을까?"
4) 식빵으로 얼굴을 만들 때 무슨 재료가 필요한지 말해 본다.
   - "식빵 말고 필요한 게 무엇이 있을까요?"
5) 식빵 가지고 얼굴 만들어 보기
   - "너희는 무슨 식빵이나 과자로 얼굴을 꾸밀 거니?"
6) 얼굴을 완성한 후 친구들과 함께 발표해 보기
   - "어떤 친구의 얼굴을 만들어 보았니?"

7) 활동에 대해 평가해 보기

- "오늘은 어땠니? 어려웠던 점은 무엇이니?"

활동 시 유의점

활동을 할 때 친구의 얼굴을 더 유심히 보기

활동평가

완성된 작품과 친구 모습 비교하며 이야기 나누기

1-4

나만의 화분 만들기

| 주재료: 털실 |

활동목표	3세 누리과정 관련 요소	창의 · 인성 관련 요소
• 내가 좋아하는 화분에 관심을 갖는다. • 화분을 창의적으로 표현한다.	• 자연탐구: 탐구하는 태도 기르기 – 생명체와 자연환경 알아보기 • 예술경험: 예술적 표현하기 – 미술활동으로 표현하기	• 창의성: 인지적 요소 – 사고의 확장 • 인성: 협력 – 집단 협력

활동자료

PPT, 여러 가지 화분의 사진, 스케치북, 꾸밀 재료(털실, 도안, 사인펜, 가위, 풀)

활동방법

1) 화분 사진을 보고 함께 이야기해 본다.
   - "화분 사진들을 보자."
   - "화분에 꽃이 예쁘게 피어 있구나."
   - "친구들 생각을 말해 보겠니?"
2) 이야기를 해 보았으니 화분을 만들어 본다.
3) 활동자료와 도구를 탐색한다.
   - "이것은 무엇일까?"
   - "화분 사진을 보고 어떤 화분을 만들 수 있을까?"
4) 만든 화분 소개하기

   (완성된 자신의 작품을 친구들에게 소개한다.)

활동 시 유의점

1) 풀이 손에 많이 묻을 수 있다.
2) 가위로 자를 때 아이들을 도와주도록 한다.
3) 도안을 여러 종류로 많이 준비한다.
4) 활동 후 반드시 손을 씻는다.

활동평가

1) 화분에 관심을 가지는지 활동과정을 통해 평가한다.
2) 창의적으로 표현하는지 결과물을 통해 평가한다.

1-5 나의 수족관

| 주재료: 일회용 컵과 물 |

활동목표	3세 누리과정 관련 요소	창의 · 인성 관련 요소
• 수족관의 특징에 대해 안다. • 여러 재료를 사용하여 수족관을 만든다.	• 자연탐구: 과학적 탐구하기 – 물체와 물질 알아보기 • 예술경험: 예술적 표현하기 – 미술활동으로 표현하기	• 창의성: 동기적 요소 – 호기심, 흥미

활동자료

수족관 사진, 일회용 컵, 물감(파랑), 종이, 사인펜, 양면테이프

활동방법

1) 물고기를 본 경험을 이야기한다.
   - "물고기를 본 적 있니?"
2) 수족관 사진을 보며 수족관의 특징에 대해 이야기를 나눈다.
   - "물고기를 집에서 기르면 어떻게 해야 할까?"
   - "물고기를 집에서 기르려면 무엇이 필요할까?"
   - "어디서 본 적 있니?" "수족관 안에는 무엇이 있니?"
3) 수족관을 만들기 위해 필요한 것에 대해 이야기를 나눈다.
   - "우리가 수족관을 만들어 볼까?"
   - "수족관을 만들려면 무엇이 필요할까?"
   - "수족관 물을 보았니?" "물은 어떻게 할까?"
4) 자기 스스로 생각하여 자신만의 수족관을 만들어 본다.
   (다양한 재료로 수족관 안과 밖을 꾸민다.)

5) 유아가 자신이 만든 수족관을 감상한다.
- "수족관을 만들면서 즐거웠던 것은 무엇이니?"
- "수족관 만들기를 하면서 어려운 점은 무엇이었니?"
- "자신이 만든 수족관을 친구들에게 소개해 보자."
- "친구들이 만든 수족관을 칭찬해 보자."

활동 시 유의점

1) 물을 담고 난 후 물이 새지 않게 구멍을 막는다.
2) 유아가 충분히 재료를 탐색하고 창의적으로 수족관을 꾸밀 수 있도록 격려한다.

활동평가

1) 다양한 재료를 이용하여 수족관을 표현하고자 하는지 평가한다.
2) 만든 작품에 대해 설명을 잘하는지 평가한다.

확장활동

실제로 커다란 수조를 이용해 수족관을 만들고 교실에 비치하여 물고기 키우는 활동을 할 수 있다.

재미있게 꾸며요

| 주재료: 실 |

활동목표	3세 누리과정 관련 요소	창의 · 인성 관련 요소
• 두꺼운 크기, 색깔, 모양을 구분한다. • 실을 이용하여 꾸미기	• 사회관계: 사회에 관심 갖기 – 세계와 여러 문화에 관심 갖기 • 예술경험: 예술적 표현하기 – 미술활동으로 표현하기 • 자연탐구: 과학적 탐구하기 – 자연현상 알아보기	• 창의성: 인지적 요소 – 사고의 확장

활동자료

실, 물감

활동방법

1) 두꺼운 실의 크기, 색깔, 모양 등을 살펴본다.
- "색깔은 무슨 색이니?"
- "물감으로 색칠해 보았니?"

2) 실을 이용하여 꾸미기
- "색칠한 실을 스케치북에 놓아 보았니?"
- "실을 잡아당겨 보았니?"
- "어떤 무늬가 생기니?"

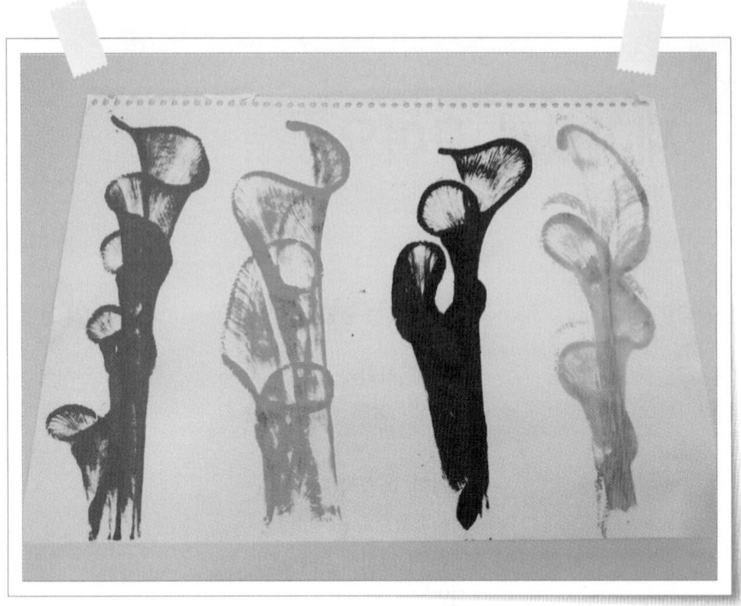

활동 시 유의점

1) 스케치북에 실을 놓을 때 물감이 옷에 묻지 않도록 주의한다.
2) 다양한 색깔의 실과 물감을 활용할 수 있도록 지원한다.

활동평가

1) 자기 생각과 느낌을 자유롭게 표현하는지 평가한다.
2) 실을 이용해 꾸미기 활동에 즐겁게 참여하는지 평가한다.

확장활동

작품을 액자로 만든다.

1-7 수족관을 만들어요

| 주재료: 스펀지 |

활동목표	3세 누리과정 관련 요소	창의 · 인성 관련 요소
• 수족관의 특징에 대해 안다. • 스펀지의 질감에 대해 안다. • 수족관 속 생물에 관심을 가진다.	• 사회관계 – 다른 사람과 더불어 생활하기, 친구와 사이좋게 지내기 • 예술경험 – 예술적 표현하기, 미술활동으로 표현하기 • 자연탐구 – 과학적 탐구하기, 물체와 물질 알아보기	• 창의성: 동기적 요소 – 호기심, 흥미

활동자료

수족관 사진, 물감, 사인펜, 가위, 스펀지

활동방법

1) 물고기를 본 경험을 이야기한다.
   - "물고기를 본 적이 있니?"
   - "어디서 물고기를 보았니?"
2) 수족관 사진을 보고, 수족관의 특징에 대해 이야기를 나눈다.
   - "수족관을 본 적이 있니?"
   - "어디서 본 적이 있니?"
   - "수족관 안에는 무엇이 있었니?"
3) 수족관을 만들기 위해 필요한 것에 대해 이야기를 나눈다.
   - "물고기는 어떻게 만들까?"

4) 수족관을 만들 때 사용할 스펀지를 보고 이야기를 나눈다.
- "스펀지를 본 적 있니?"

5) 스펀지를 만져 본다.
- "모두 스펀지를 만져 볼까?" "느낌이 어떠니?"

6) 스펀지를 사용해서 수족관 그림을 만든다.
(물고기 모양의 스펀지를 찍어 물고기를 표현한다.)

7) 각자가 만든 수족관 그림을 함께 감상한다.
- "수족관 그림을 만들면서 즐거웠던 점은 뭐였니?"
- "너희들이 만든 수족관을 친구들에게 소개해 보겠니?"
- "친구들이 만든 수족관을 칭찬해 보자."

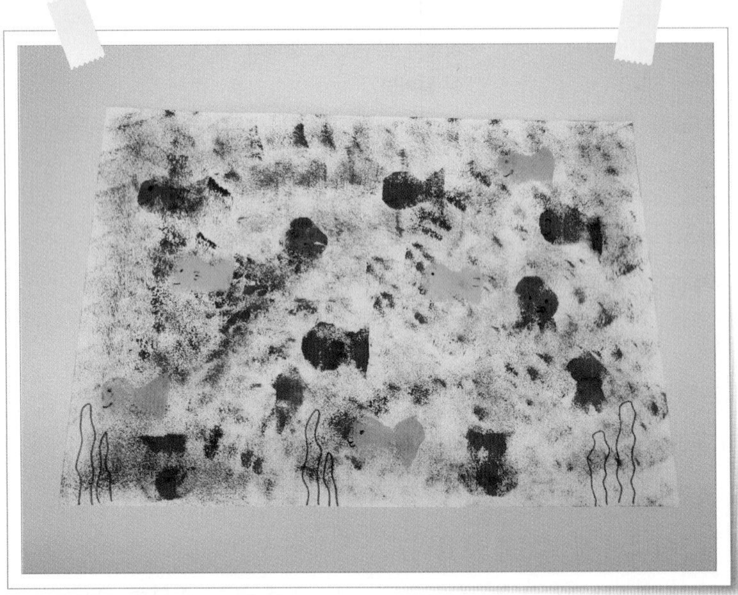

활동 시 유의점

물감이 유아의 옷에 묻지 않도록 주의한다.

활동평가

1) 물감이 유아의 옷에 묻지 않도록 주의한다.
2) 만든 작품에 대해 말하는지 평가한다.

확장활동

실제로 커다란 수조를 이용해 수족관을 만들고 교실에 비치하여 물고기 키우는 활동을 할 수 있다.

복어 만들기

| 주재료: 찰흙 |

활동목표	3세 누리과정 관련 요소	창의 · 인성 관련 요소
• 간단한 도구를 활용하여 복어의 모습을 표현한다. • 복어의 상태에 따라 변하는 모습을 알아본다.	• 예술경험: 예술적 표현하기 – 미술활동으로 표현하기 • 자연탐구: 과학적 탐구하기 – 생명체와 자연환경 알아보기	• 창의성: 동기적 요소 – 몰입 • 인성: 존중 – 생명과 환경에 대한 존중

활동자료

다양한 복어의 사진 및 그림, 점토, 점토용 칼, 이쑤시개, 다양한 자연물

활동방법

1) 복어의 사진을 보며 이야기를 나눈다.
   - "복어를 본 적 있니?"
   - "보았다면 어디에서 보았니?"
   - "(다양한 사진을 보며) 어디에서 보았니?"
2) 복어의 평소 모습을 상상해 본다.
   - "너희들은 화났을 때 어떤 얼굴이니?"
   - "복어는 화났을 때 어떤 색깔이 될까?"
   - "복어의 크기가 어떨 것 같니?"
3) 만들기 활동의 재료를 알아본다.
   - "점토로는 복어의 어떤 모습을 만들 수 있을까?"
   - "자연물로 복어의 어떤 부분을 표현하면 좋을까?"
4) 각자가 생각하는 복어의 모습을 점토로 표현해 본다.

- "점토로 복어를 만들어 볼 수 있겠니?"
- "복어의 평소 모습과 화났을 때의 모습을 어떻게 만들면 좋을까?"

활동 시 유의점

1) 사전활동으로 다양한 복어와 복어의 상태에 대한 자료를 제공한다.
2) 유아들이 복어의 상태에 대해 표현할 수 있도록 돕는다.
3) 점토용 칼을 안전하게 사용하도록 지도한다.

활동평가

복어의 상태를 간단한 도구를 활용하여 표현하는지 평가한다.

(복어의 특징을 간단한 도구를 활용하여 표현하는가?)

확장활동

1) 복어의 모습을 신체로 표현해 본다.
2) 실외 모래놀이터를 바다라고 생각하고 복어의 집을 만들어 본다.

1-9 자연풍경 꾸미기

| 주재료: 실 |

활동목표	3세 누리과정 관련 요소	창의 · 인성 관련 요소
• 다양한 자연물에 관심을 갖는다. • 자연풍경을 이용하여 다양하게 꾸며 본다.	• 예술경험: 예술적 표현하기 – 미술활동으로 표현하기	• 창의성: 동기적 요소 – 몰입 • 인성: 존중 – 생명과 환경에 대한 존중

활동자료

A4용지, 여러 가지 자연풍경을 찍은 사진이나 다양한 자세로 찍은 유아들의 사진, 실, 가위, 풀, 스케치북

활동방법

1) 미술영역에 자료를 준비해 준다.
2) 교사는 미술활동을 하는 유아와 상호작용해 줄 수 있다.
   - "○○는 바다에 가고 싶구나?"
   - "○○은 산에 가고 싶구나?"
   - "○○은 어디에 가고 싶니?"
3) 실을 이용하여 자연풍경을 표현해 본다.
4) 여러 가지 색깔의 실을 사용한다.

 활동 시 유의점

1) 만 3세 유아의 발달수준을 고려하여 유아의 사진을 교사가 미리 오려서 준비해 주거나 유아들이 서툴게 오린 것들을 수용해 줄 수 있다.
2) 다양한 자료를 활용할 수 있도록 격려한다.

활동평가

1) 다양한 자료사진을 보고 꾸미는 데 즐거움을 느끼는지 평가한다.
(다양한 색깔의 실을 사용하여 표현하는가?)
2) 다양한 형태를 표현하는지 평가한다.

확장활동

야외활동으로 산이나 바다로 가서 사진을 직접 찍어 본다.

1-10 나만의 왕관 만들기

| 주재료: 마분지와 털실 |

활동목표	3세 누리과정 관련 요소	창의 · 인성 관련 요소
• 왕관 만드는 과정을 즐긴다. • 다양한 재료와 도구를 사용하여 창의적으로 표현해 본다.	• 예술경험: 예술적 표현하기 – 미술활동으로 표현하기	• 창의성: 동기적 요소 – 호기심, 흥미

활동자료

마분지, 가위, 양면테이프, 빨대, 털실, 각종 스팽글(반짝거리는 장식), 글루건

활동방법

1) 왕관을 써 본 경험에 대해 이야기해 본다.
   - "어떤 왕관을 만들고 싶니?"
   - "어떤 날 왕관을 써 보았니?"
2) 각자 만들고 싶은 것을 자유롭게 만든다.
3) 자신이 만든 왕관을 친구들에게 소개한다.
   - "친구에게 소개해 볼까?"
   - "이 왕관을 쓰면 기분이 어떻겠니?"

활동 시 유의점

1) 유아들이 다양한 재료를 탐색할 수 있도록 충분한 시간을 준다.
2) 마분지나 두꺼운 종이를 자를 때는 교사가 도움을 준다. 글루건을 사용할 때는 교사가 대신 해 준다.

활동평가

1) 왕관을 만드는 과정에서 여러 감각을 활용하여 관찰하고 즐기는지 평가한다.
2) 다양한 재료와 도구를 사용하여 창의적으로 표현하는지 평가한다.

확장활동

왕관을 쓰고 역할놀이를 할 수 있다.

1-11 무늬 만들기

| 주재료: 비눗방울 |

활동목표	3세 누리과정 관련 요소	창의 · 인성 관련 요소
• 비눗방울 무늬의 아름다움을 느낀다. • 비눗방울의 특성을 주의 깊게 탐색한다.	• 예술경험: 아름다움 찾아보기 – 미술적 요소 탐색하기 • 예술경험: 예술적 표현하기 – 미술활동으로 표현하기	• 창의성: 동기적 요소 – 몰입 • 인성: 협력 – 개인적 책임감

활동자료

비눗방울 부는 사진, 비눗방울 모양, 일회용 그릇, 빨대, 주방세제, 스케치북

활동방법

자기가 비눗방울을 부는 모습을 생각해 본다.

- "비눗방울 불어 본 적 있니?" "오늘 친구들과 함께 비눗방울 무늬에 대해 알아보려고 해."
- "비눗방울을 불면 어떤 모양일까요?"
- "비눗방울을 불어서 모양이 어떤지 만들어 볼까요?"

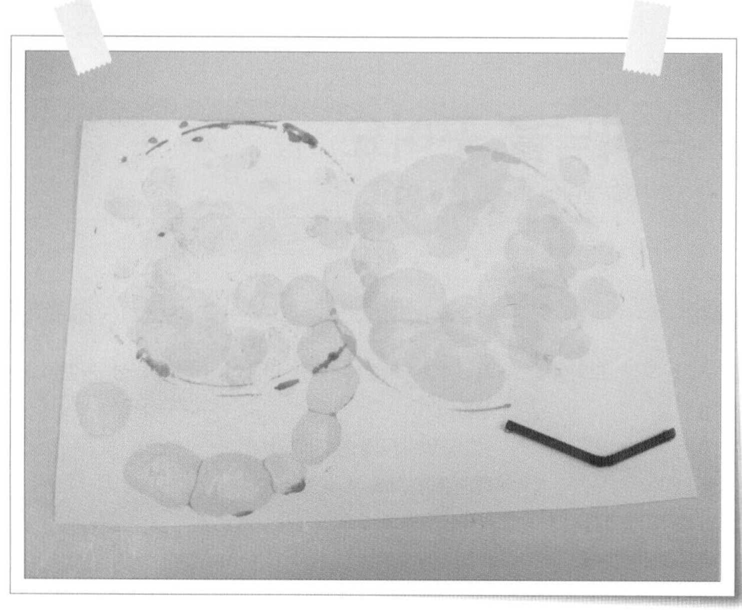

 활동 시 유의점

어린 유아의 경우 세제를 눈과 입에 가져가지 않도록 주의를 준다.

활동평가

1) 비눗방울의 특성을 아는지 평가한다.

2) 비눗방울 무늬의 아름다움을 아는지 평가한다.

확장활동

1) 비눗방울의 특성을 알고 비눗방울을 탐색한다.

2) 스케치북에 비눗방울을 불어 터지면서 생기는 무늬를 관찰한다.

1-12 손바닥을 꾸며요

| 주재료: 빨대 |

활동목표	3세 누리과정 관련 요소	창의 · 인성 관련 요소
• 빨대의 크기, 색깔, 모양을 구별한다. • 빨대를 이용한 손바닥 꾸미기를 즐긴다. • 친구들과 생각과 느낌을 나누며 자유롭게 표현한다.	• 사회관계: 다른 사람과 더불어 생활하기 – 친구와 사이좋게 지내기 • 예술경험: 예술적 표현하기 – 미술활동으로 표현하기	• 창의성: 동기적 요소 – 몰입 • 인성: 협력 – 개인적 책임감

활동자료

빨대(색깔 있는 것), 가위, 손바닥 그림, 풀

활동방법

1) 빨대의 모양, 색깔, 크기 등을 살펴본다.
   - "이 빨대의 색깔은 무슨 색이니?"
   - "이 빨대로 무엇을 꾸밀 수 있을까?"
   - "어떤 모양으로 자르면 좋을까?"
2) 손바닥 그림을 보며 어떤 빨대로 꾸밀지 탐색한다.
   - "어떤 빨대로 손바닥을 꾸미면 좋을까?"
3) 여러 가지 모양으로 자른 빨대를 이용하여 손바닥 그림을 꾸민다.
4) 꾸민 손바닥 그림을 보며 이야기를 나눈다.
   - "친구들과 자기가 꾸민 손바닥 그림에 대해 이야기해 볼까?"

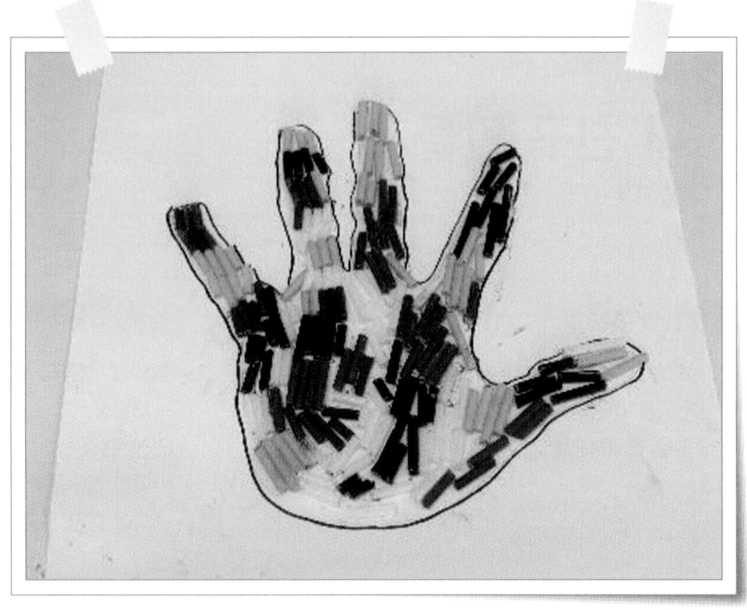

 활동 시 유의점

1) 빨대를 가위로 자를 때, 손을 다치지 않게 조심하도록 한다.
2) 유아들의 작품을 사진으로 찍어 전시하고 친구들과 함께 감상하도록 환경을 구성한다.

활동평가

1) 모양, 색깔, 크기를 다양하게 활용하여 꾸미기를 하는지 평가한다.
2) 빨대를 이용한 꾸미기 활동에 즐겁게 참여하는지 평가한다.
3) 생각과 느낌을 자유롭게 표현하는지 평가한다.

 확장활동

물감을 빨대로 불어 그림을 완성한다.

1-13 내 친구 만들기

| 주재료: 페트병 뚜껑 |

활동목표	3세 누리과정 관련 요소	창의 · 인성 관련 요소
• 나의 친구 모습을 안다. • 다양한 병뚜껑을 이용하여 친구의 모습을 창의적으로 표현한다.	• 사회관계: 나의 친구를 알고 존중하기 – 나의 친구 소중히 여기기 • 예술경험: 예술적 표현하기 – 미술활동으로 표현하기	• 창의성: 성향적 요소 – 개방성 • 인성: 존중 – 나의 친구들과 다른 문화에 대한 존중

활동자료

병뚜껑, 글루건, 종이

활동방법

1) 친구 얼굴에 대해 이야기를 나눈다.
   - "친구는 어떤 사람이니?"
2) 친구의 모습에 대해 이야기를 나눈다.
   - "친구 모습은 평소에 어떻게 생겼니?"
3) 표현방법에 대해 알아본다.
   - "친구의 얼굴을 어떻게 표현할 수 있을까?"
   - "친구의 얼굴을 무엇으로 만들 수 있을까?"
4) 미술활동 시 필요한 준비물을 살펴본다.
   - "병뚜껑을 이용해서 어떻게 만들 수 있을까?"
   - "글루건을 사용할 때 어떤 점에 주의해야 할까?"
   - "무엇이 더 필요할까?"

활동 시 유의점

1) 미술활동을 하기 전 재료를 충분히 준비할 수 있도록 시간을 준다.
2) 교사는 유아의 다양한 작품을 카메라로 촬영한다.

활동평가

1) 친구의 모습에 대해 어떻게 알고 있는지 언어적 상호작용을 통해 평가한다.
2) 다양한 재료를 이용하여 자신의 친구 모습을 표현할 수 있는지 작품을 통해 평가한다.

확장활동

1) 미술활동 시 색종이, 사인펜, 색연필 등으로 팔찌와 전화기 등의 장신구를 꾸민다.
2) 작품 전시관을 만들어 역할놀이를 한다.
3) 친구의 사진으로 퍼즐을 만든다.

1-14

나만의 나무 만들기

| 주재료: 식빵과 아몬드 |

활동목표	3세 누리과정 관련 요소	창의 · 인성 관련 요소
• 창의적 상상력을 키운다. • 식빵과 견과류로 나만의 나무를 창의적으로 표현한다.	• 의사소통: 말하기 – 느낌, 생각, 경험 말하기 • 예술경험: 예술적 표현하기 – 미술활동으로 표현하기	• 창의성: 동기적 요소 – 몰입 • 인성: 존중 – 생명과 환경에 대한 존중

활동자료

다양한 형태의 나무 사진, 식빵 2개, 다양한 종류의 견과류

활동방법

1) 상상의 나무에 대해 이야기를 나눈다.
   (다양한 형태의 나무 사진을 보고 이야기를 나눈다.)
   - "내가 원하는 모양의 나무를 표현할 수 있을까?"
   - "원하는 모양의 나무를 '나만의 나무' 라고 하자."
   - "나무가 어떤 모양이니?"
2) 식빵과 견과류를 활용해 나만의 나무를 만든다.
   - "나만의 나무를 만들어 보자."
   - "식빵과 견과류로 나만의 나무를 어떻게 만들 수 있을까?"
3) 식빵 위에 견과류를 올려 놓고 자신이 만들고 싶은 나무 모양을 만든다.
4) 각자 자신이 만든 상상의 나무를 소개하고 감상하는 시간을 가진다.
   - "넌 어떤 나무를 만들었니?"
   - "이 나무의 특징은 무엇이니?"

활동 시 유의점

1) 유아가 다양하게 생각하고 독창적으로 표현할 수 있도록 격려한다.
2) 활동하도록 한다.
3) 이야기한다.

활동평가

1) 자신만의 나무에 대해 관심을 가지는지 언어적 상호작용을 통해 평가한다.
2) 자신만의 나무를 창의적으로 표현하였는지 평가한다.
3) 자신의 작품을 친구에게 소개할 수 있는지 관찰 · 평가한다.

확장활동

1) 다른 여러 가지 재료로 나무를 표현한다.
2) 나무에 물을 준다.

2 4세 누리과정

2-1. 손가락 지문 찍기
2-2. 나만의 나무 만들기
2-3. 내가 만든 동물 주먹밥
2-4. 자연으로 무늬 꾸미기
2-5. 케이크 만들기
2-6. 바닷속 풍경을 그려요
2-7. 내가 좋아하는 무늬 꾸미기
2-8. 내가 만들고 싶은 자동차
2-9. 애벌레 만들기
2-10. 나만의 퍼즐 만들기
2-11. 재미있는 무늬 그리기
2-12. 잠자리 만들기
2-13. 좋아하는 동물 만들기
2-14. 나만의 화분 만들기
2-15. 물고기를 꾸며요
2-16. 가족 얼굴 꾸미기
2-17. 생활도구 만들기
2-18. 겨울풍경 꾸미기
2-19. 우리 집 만들기 1
2-20. 겨울풍경 그리기
2-21. 우리 집 만들기 2
2-22. 움직이는 그림
2-23. 우리 유치원
2-24. 나만의 마이크 만들기
2-25. 남극 펭귄 만들기
2-26. 캐릭터 그리기
2-27. 숲 속 새 둥지 만들기
2-28. 친구 얼굴 만들기
2-29. 고래를 만들어 보아요
2-30. 인형 만들기
2-31. 크리스마스카드를 만들어 보아요
2-32. 기차를 만들어 보아요
2-33. 눈 오는 겨울 밤하늘 만들기
2-34. 우리 유치원을 설계해 보아요
2-35. 부엉이를 만들어요
2-36. 내가 좋아하는 곤충 만들기

2-1

손가락 지문 찍기

| 주재료: 물감 |

활동목표	4세 누리과정 관련 요소	창의 · 인성 관련 요소
• 손가락 지문에 관심을 갖는다. • 자기 손을 이용하여 지문 찍기 놀이를 한다. • 다양한 색상의 물감으로 나무를 표현한다.	• 신체운동, 건강, 신체 인식하기 – 신체를 인식하고 움직이기 • 예술경험: 예술적 표현하기 – 미술활동으로 표현하기 • 자연탐구: 과학적 탐구하기	• 창의성: 인지적 요소 – 사고의 확장

활동자료

다양한 손 모양의 사진 자료, 손금과 지문이 있는 사진 자료, 8절 스케치북, 물감, 붓, 팔레트, 물통, 물티슈, 나뭇가지, 목공용 풀

활동방법

1) 다양한 손 모양에 대하여 이야기 나누기를 한다.
- "엄마 손, 아빠 손, 동생 손을 자세히 본 적이 있나요?"
- "보았다면 각자 어떻게 다른가요?"
- "손바닥에 있는 손금과 지문은 어떤 모양인가요?"
- "서로 다른 지문의 모양에 대하여 이야기를 나눠 봐요."

2) 지문 찍기 놀이를 한다.
- "지문에 물감을 묻히고 스케치북에 찍으면 어떻게 될까?"
- "손바닥 손금도 찍을 수 있을까?"
- "지문으로 어떤 모양을 만들 수 있을까?"

3) 나뭇가지를 스케치북에 붙이고 지문으로 나뭇잎을 표현해 본다. 푸른

나무와 낙엽이 물든 단풍나무를 표현해 본다.

활동 시 유의점

1) 사전활동으로 다양한 나무에 대한 자료를 제공한다.
2) 손에 묻은 물감을 깨끗하게 물티슈로 닦고 다른 색의 나무를 표현할 수 있다.

활동평가

1) 손바닥과 지문 모양에 관심을 가지는지 평가한다.
   (친구들과 손바닥과 지문 모양을 비교하는가?)
   (손바닥 사진을 보며 새로운 모양을 만들고자 하는가?)
   (지문으로 만든 나무에 관심을 가지며 다양한 나무를 떠올리는가?)
2) 손바닥과 지문을 이용해 다양한 형태의 찍기 놀이를 하는지 평가한다.
   (손을 물티슈로 닦아 내고 다시 새로운 나무를 표현하고자 하는가?)
   (나무 이외의 형태를 표현하기 위해 시도하는가?)

 확장활동

1) 다양한 형태의 모양으로 확장한다.

2) 지문이 다 마른 후에 액자에 넣어서 전시활동을 해 본다.

2-2 나만의 나무 만들기

| 주재료: 낙엽 |

활동목표	4세 누리과정 관련 요소	창의 · 인성 관련 요소
• 낙엽으로 만든 나무에 대해 상상해 본다. • 상상의 나무를 창의적으로 만든다. • 낙엽을 이용해 나무를 표현해 본다.	• 의사소통: 말하기 – 느낌, 생각, 경험 말하기 • 예술경험: 예술적 표현하기 – 미술활동으로 표현하기	• 창의성: 동기적 요소 – 몰입 • 인성: 존중 – 생명과 환경에 대한 존중

활동자료

8절 스케치북, 다양한 낙엽, 목공용 풀, 가위, 그리기 도구

활동방법

1) 낙엽으로 만들어진 나무에 대하여 이야기 나누기를 한다.
   - "낙엽으로 만들어진 나무가 있을까?"
   - "낙엽으로 만든 나무는 어떤 모양일까?"
2) 스케치북에 자기가 상상한 나무 밑그림을 그린다.
   - "내가 상상한 나무를 한번 만들어 보자."
   - "낙엽으로 나무를 어떻게 만들 수 있을까?"

     (낙엽을 손으로 부수기도 하고, 가위로 잘라 밑그림에 맞게 붙인다.)

     (낙엽 조각을 밑그림에 하나씩 붙인다.)
3) 각자 원하는 나무 모양을 상상하며 낙엽을 붙인다. 나무줄기와 나뭇잎을 표현한다.
4) 각자 낙엽으로 만든 나무를 소개하고 감상하는 시간을 갖는다.

- "나무의 이름은 무엇이니?"
- "어떤 나무니?"
- "누구를 위해 만들었니?"

5) 활동을 평가한다.

- "활동을 하면서 재미있었던 점(어려웠던 점)은 무엇이니?"
- "다른 친구의 작품 중 가장 재미있게 느낀 작품은 무엇이니?"

활동 시 유의점

1) 사전 활동으로 유치원/어린이집 주변의 나무에 대해 이야기를 나눈다.
2) 유아가 다양하게 생각하고 독창적으로 표현할 수 있도록 격려한다.

활동평가

1) 낙엽으로 만든 나무에 대한 관심을 가지는지 평가한다.
   (낙엽으로 만든 나무에 대해 흥미를 가지고 상상하는가?)
2) 낙엽으로 만든 나무를 창의적으로 만드는지 평가한다.

(낙엽으로 나무를 만들 때 창의적으로 표현하는가?)

확장활동

1) 나무 이외의 모양(곤충, 꽃, 나비 등)으로 확장한다.

2) 풀이 다 마른 후에 액자에 넣어서 전시활동을 해 본다.

내가 만든 동물 주먹밥

| 주재료: 밥 |

활동목표	4세 누리과정 관련 요소	창의 · 인성 관련 요소
• 활동을 통하여 음식의 중요성을 알고 간접적으로 다양한 음식을 경험한다. • 다양한 음식으로 창의적인 형태를 표현한다.	• 신체운동, 건강: – 건강하게 생활하기 – 바른 식생활하기 • 예술경험: 예술적 표현하기 – 미술활동으로 표현하기	• 신체운동, 건강, 창의성: 성향적 요소 – 개방성 • 신체운동, 건강, 인성: 존중 – 다른 사람과 다른 문화에 대한 존중

활동자료

일회용 접시, 밥, 소시지, 달걀, 콩, 김, 토마토케첩

활동방법

1) 동물 사진을 보면서 함께 이야기를 나눈다.
   - “동물 얼굴은 어떻게 생겼을까?”
   - “밥으로 동물 얼굴을 표현할 수 있을까?”
2) 일회용 접시에 밥을 담고 달걀노른자와 섞는다.
   - “밥에 달걀을 섞어서 먹으면 우리 몸에 어떻게 좋을까요?”
   - “편식하지 않고 음식을 골고루 잘 먹을 수 있나요?”

     (달걀노른자를 섞은 밥을 동물 모양으로 만든다.)

     (다른 반찬을 이용해 동물 얼굴 모양을 표현한다.)
3) 여러 가지 음식 재료들에 대해 이야기를 나누고 활동해 본다.
   - “여기에 어떤 음식이 사용되었니?”
   - “너희가 좋아하는 음식으로 동물 얼굴 모양을 만들어 보자.”

- "동물 얼굴 모양에 붙인 음식을 선택한 이유는 무엇이니?"

활동 시 유의점

1) 만들기를 할 때 평소에 유아들이 점심시간에 즐겨 먹는 음식과 먹기 싫어하는 음식을 골고루 사용하도록 한다.
2) 우리 몸을 건강하게 하는 음식에 대해 설명해 준다.

활동평가

1) 다양한 음식을 이용하여 창의적으로 표현하는지 평가한다.
2) 활동을 통하여 음식의 중요성을 알고 간접적으로 다양한 음식을 경험해 보는지 평가한다.

확장활동

1) 유아들이 만든 동물을 친구들과 함께 감상해 본다.
2) 미술영역에서 다양한 색의 점토를 제공하여 유아들이 만들고 싶은 음식을 점토로 만들어 보도록 할 수 있다.

자연으로 무늬 꾸미기

| 주재료: 낙엽 |

활동목표	4세 누리과정 관련 요소	창의 · 인성 관련 요소
• 자연에서 나타나는 무늬의 아름다움을 느끼고 그 특성을 주의 깊게 탐색한다.	• 예술경험: 아름다움 찾아보기 – 미술적 요소 탐색하기 • 예술경험: 예술적 표현하기 – 미술활동으로 표현하기	• 창의성: 동기적 요소 – 몰입 • 인성: 협력 – 개인적 책임감

활동자료

자연의 색깔과 무늬가 담긴 사진 자료, 낙엽 사진, 8절 스케치북, 물감, 붓, 팔레트, 물통, 물티슈 등

활동방법

1) 표현하고 싶은 무늬와 색깔을 생각해 본다.
   - "너희들이 표현하고 싶은 무늬를 만들어 보려고 해."
   - "어떤 무늬를 만들고 싶니?"
   - "그 무늬는 어떤 곳에 사용하고 싶니?"
   - "무늬를 표현하려면 어떻게 해야 할까?"
2) 낙엽을 보면서 특성과 아름다움을 느껴 본다.
   - "이 낙엽으로 어떤 모양의 무늬를 만들 수 있을까?"
3) 낙엽 사진을 보는 것과 실제로 낙엽을 만지는 것의 느낌을 비교해 본다.
4) 낙엽에 물감을 칠해 스케치북에 찍어 본다.
   - "낙엽을 찍어 보니 모양이 어떠니?"

- "어떤 색깔로 낙엽을 찍어 보고 싶니?"
- "물감을 섞어서 색깔을 만들어 볼 수 있겠니?"

활동 시 유의점

1) 나뭇잎의 줄기와 잎 모양을 관찰한 후 활동하도록 한다.
2) 물감을 칠하기 전 앞치마와 토시를 착용한다.
3) 활동이 끝나면 손을 깨끗이 씻는다.

활동평가

1) 여러 가지 낙엽을 이용해 무늬를 창의적으로 꾸미는지 평가한다.
2) 자연에서 표현되는 색깔과 무늬의 아름다움을 느끼는지 평가한다.

 확장활동

1) 낙엽에 물감을 묻혀 헌 옷이나 쿠션에 무늬 만들기 활동을 해 본다.

2) 낙엽으로 다양한 모양을 만들어 본다.

(동물, 꽃, 곤충 등)

2-5

케이크 만들기

| 주재료: 두부 |

활동목표	4세 누리과정 관련 요소	창의 · 인성 관련 요소
• 자연물을 이용하여 만든 음식이 건강에 이로움을 안다. • 자신의 생각을 미술활동으로 표현한다. • 친구와 함께 즐겁게 미술활동에 참여한다.	• 사회관계 – 다른 사람과 더불어 생활하기, 친구와 사이좋게 지내기 • 예술경험 – 예술적 표현하기, 미술활동으로 표현하기 • 신체운동, 건강: 건강하게 생활하기 – 바른 식생활하기	• 창의성: 동기적 요소 – 호기심, 흥미

활동자료

두부를 이용하여 만든 음식(두부 찜, 두부찌개, 두부 튀김) 사진, 일회용 접시, 재활용 그릇, 채집한 자연물(꽃잎, 풀), 비닐 팩, 물감(노란색, 갈색, 핑크색, 연두색), 두부 1모, 비닐장갑, 천

활동방법

1) 두부로 만든 음식 사진을 보며 이야기를 나눈다.
   - "어떤 음식 사진들이 있니?" "이 음식의 이름은 무엇일까?"
   - "이 음식들을 먹어 본 적이 있니?" "언제 먹어 보았니?"
   - "이 음식들은 무엇으로 만들었을까?"
   - "두부를 이용하여 만든 음식을 먹으면 우리 몸은 어떻게 될까?"

2) 두부 케이크를 만든다.
   (두부 포장을 뜯고 천으로 두부를 감싼 뒤 물기를 짠다.)

(비닐장갑을 끼고 두부를 잘게 뭉갠다.)

(한 주먹 크기만큼 두부를 덜어 갈색, 노란색, 연두색, 핑크색 물감을 각각 섞는다.)

(재활용 그릇에 비닐 팩을 깐다.)

(갈색 → 노란색 → 연두색 → 핑크색 순서대로 그릇에 색을 입힌 두부를 꾹꾹 눌러 담는다.)

(그릇 안에 있는 비닐을 꺼내어 뒤집어 놓는다.)

(비닐을 벗기고 두부의 위쪽에 꽃잎을 뿌리고 나뭇가지를 꽂아 장식을 한다.)

3) 만든 두부 케이크를 다 같이 감상한다.

- "어떤 재료를 이용하여 음식을 만들어 보았니?"
- "이 두부 케이크를 어떻게 만들었는지 소개해 줄 수 있겠니?"
- "우리가 만든 두부 케이크를 먹으면 몸이 어떻게 될까?"

활동 시 유의점

1) 두부 케이크가 생소하지 않도록 두부를 이용하여 만든 다양한 음식 사진 자료를 제공한다.
2) 두부 케이크의 색이 섞이지 않도록 비닐장갑을 이용하여 여러 가지 물감을 다루도록 한다.
3) 두부의 물기는 천을 사용하여 충분히 짠다.

활동평가

1) 두부를 이용해 만든 음식이 건강에 이로움을 아는지 평가한다.
2) 미술활동으로 자신의 생각을 표현하였는지 평가한다.
3) 또래와 함께하는 미술활동 과정을 즐겼는지 평가한다.

확장활동

1) 두부의 원재료인 콩을 관찰해 본다.
2) 맷돌을 돌려 본다.

2-6 바닷속 풍경을 그려요

| 주재료: 크레용 |

활동목표	4세 누리과정 관련 요소	창의 · 인성 관련 요소
• 바닷속 풍경에 관심을 갖는다. • 도구를 이용해 스크래치 기법으로 바닷속 풍경을 표현한다.	• 예술경험: 아름다움 찾아보기 – 미술적 요소 탐색하기 • 예술경험: 예술적 표현하기 – 미술활동으로 표현하기	• 창의성: 동기적 요소 – 몰입 • 인성: 존중 – 생명과 환경에 대한 존중

 활동자료

이쑤시개, 스케치북, 크레파스

활동방법

1) 바닷속에 어떤 동물이 살고 있는지 이야기해 본다.
   - "바닷속에는 어떤 동물이 살고 있을까?"
2) 바닷속 동물의 특징에 대해 이야기해 본다.
   - "오징어의 다리는 몇 개일까?" "거북이의 등은 어떻게 생겼을까?"
3) 활동 재료를 탐색한다.
   - "(이쑤시개를 보여 주며) 이건 무엇일까?"
   - "어떤 모양이니?"
   - "(이쑤시개를 사용할 때) 이걸 사용할 때 어떤 약속을 할까?"
   - "(여러 가지 색의 크레파스로 칠해 보게 하며) 그 위에 검정색을 칠한 후 긁으니 어떻게 되었어?" "무슨 색이 나왔니?"
4) '바닷속 그림 그리기' 활동에 대해 알아본다.
   - "바닷속 풍경이라 생각하고 그림을 그려 보자."

- "어떤 색 물고기가 되었니?"
- "이쑤시개로 그리니 느낌이 어때?"

5) 이쑤시개를 안전하게 사용하기 위한 약속을 지키며 '바닷속 그림 그리기' 활동을 해 본다.
6) 각자가 그린 작품을 친구들에게 소개한다.
   - "어떤 친구가 소개해 볼까요?"
   - "어떤 동물인지 알려 주겠니?"
   - "어떤 그림을 그린 거니?"
   - "○○의 작품을 보니깐 어떤 생각이 드니?"

활동 시 유의점

1) 크레파스 가루가 옷에 묻지 않게 앞치마와 토시를 착용한다.
2) 이쑤시개에 찔리지 않게 유의한다.

활동평가

바닷속 풍경에 관심을 갖는지 평가한다.

(바닷속 풍경에 관심을 가지는가?)

(바닷속 생물에는 어떤 것이 있는지 표현할 수 있는가?)

확장활동

1) 유아들의 작품을 모아 이야기 활동을 해 볼 수 있다.
2) 유아들의 작품과 작품의 제목, 특징 등을 모아서 병풍을 만들고 감상할 수 있다.

2-7 내가 좋아하는 무늬 꾸미기

| 주재료: 양파망과 칫솔 |

활동목표	4세 누리과정 관련 요소	창의 · 인성 관련 요소
• 양파망과 칫솔에 물감을 묻혀 무늬를 꾸민다. • 완성된 작품의 아름다움을 느끼고 그 특성을 주의 깊게 탐색한다. • 무늬를 스케치북에 창의적으로 표현한다.	• 예술경험: 예술적 표현하기 - 미술활동으로 표현하기 • 예술경험: 아름다움 찾아보기 - 미술적 요소 탐색하기	• 창의성: 동기적 요소 - 몰입 • 인성: 협력 - 개인적 책임감

활동자료

물감, 붓, 팔레트, 물통, 양파망, 칫솔, 도화지, 종이, 가위

활동방법

1) 자신이 좋아하는 색과 무늬에 대해 이야기를 나눈다.
   - "너희들이 좋아하는 모양에는 어떤 것이 있니?"
   - "너희들이 좋아하는 색에는 어떤 것이 있니?"
2) 원하는 모양을 자른다.
   - "자신이 원하는 모양을 잘라 보겠니?"
3) 도화지 위에 양파망과 칫솔로 물감을 뿌린다.
   - "원하는 색의 물감을 뿌릴 수 있겠니?"
4) 원하는 모양의 종이를 올려놓고 물감을 뿌린다.
   - "종이를 제거하면 어떤 모양이 생기니?"
   - "원하는 모양의 종이를 올려놓고 물감을 뿌릴 수 있겠니?"

활동 시 유의점

1) 가위를 사용할 때 손을 다치지 않도록 조심한다.
2) 다양한 모양을 오려서 준비한다.
3) 물감을 뿌릴 때 눈에 들어가지 않도록 한다.

활동평가

1) 다양한 색을 사용하여 꾸몄는지 평가한다.
2) 모양이 잘 표현되었는지 평가한다.
3) 미술활동과정을 즐겼는지 평가한다.

확장활동

1) 칫솔에 물감을 묻혀 손가락으로 튕겨서 겨울풍경을 표현해 본다.
2) 눈 내리는 풍경에 대해 이야기를 나누고 그림으로 표현해 본다.

2-8

내가 만들고 싶은 자동차

| 주재료: 식빵과 과자 |

활동목표	4세 누리과정 관련 요소	창의 · 인성 관련 요소
• 다양한 자동차의 특징에 대해 관심을 가진다. • 미술활동을 통해 자신의 생각과 느낌을 표현한다. • 다양한 재료를 통해 표현한다.	• 의사소통: 말하기 – 느낌, 생각, 경험을 말하기 • 예술경험: 예술적 표현하기 – 미술활동으로 표현하기 • 자연탐구: 과학적 탐구 – 물체와 물질 알아보기	• 창의성: 인지적 요소 – 사고의 확장 • 창의성: 동기적 요소 – 몰입

활동자료

자동차 사진(승용차, 트럭, 버스, 캠핑카, 굴삭기, 지게차, 경찰차, 소방차 등), 자동차 그림이 있는 잡지책, 빵, 과자, 잼, 접시, 빵 칼

활동방법

1) 여러 가지 자동차 사진을 보며 각자의 경험을 이야기한다.
   - "이런 자동차를 본 적이 있니?"
   - "이것들 중에서 어떤 것들을 타 보았니?"
   - "○○○와 ×××를 탔을 때의 느낌이 어떻게 달랐니?"
2) 각자 만들고 싶은 자동차를 빵으로 표현해 본다.
   - "너희가 자동차를 만든다면 어떤 자동차는 만들어 보고 싶니?" (예: 로봇자동차)
3) 각자 만들고 싶은 자동차를 빵으로 표현해 본다.
   (여러 가지 자동차 사진 중에서 하나를 골라 '내가 만들고 싶은 자동차'를 빵으로 표현한다.)

(과자를 빵에 꽂는다.)

(만들고 싶은 자동차를 꾸민다.)

4) 완성된 자동차에 대해 이야기를 나눈다.

- "이 자동차의 이름은 무엇이니?"
- "이 자동차를 타려면 어떻게 해야 하니?"
- "이 자동차는 어디에서 탈 수 있는 거니?"
- "이 자동차는 어디로 다닐 수 있는 자동차니?"

5) 완성된 자동차를 전시하여 감상한다.

활동 시 유의점

여러 가지 교통기관에 대한 책을 준비하여 미리 살펴볼 수 있도록 한다.

활동평가

1) 여러 가지 자동차의 특징에 대해 관심을 가지는지 평가한다.

2) 자신의 생각과 느낌대로 자동차를 표현하는지 평가한다.

확장활동

1) 교통 표지판이 상징하는 것에 대해 이야기 나누기

2) 유치원 등하교 시간에 교통질서 지키기

2-9 애벌레 만들기

| 주재료: 달걀판 |

활동목표	4세 누리과정 관련 요소	창의 · 인성 관련 요소
• 자연의 곤충에 관심을 갖는다. • 애벌레의 특징에 대해 관심을 가진다. • 달걀판을 이용하여 다양한 형태를 창의적으로 표현한다.	• 예술경험: 예술적 표현하기 – 미술활동으로 표현하기 • 사회관계: 다른 사람과 더불어 생활하기 – 친구와 사이좋게 지내기	• 창의성: 동기적 요소 – 호기심 • 인성: 존중 – 생명과 환경에 대한 존중

활동자료

달걀판, 가위, 물감, 붓, 팔레트, 물통, 무빙아이(몽글이), 공작용 완구 눈알, 글루건, 애벌레 자료사진

활동방법

1) 자료사진을 통해 애벌레에 대해 알아본다.

2) 애벌레에 대해 이야기를 나눈다.

- "애벌레를 본 적이 있니?"
- "애벌레를 보니 어떠니?"
- "애벌레의 마디는 몇 개니?"

3) 달걀판과 준비물을 이용하여 만들기를 소개한다.

- "이것은 무엇일까?"
- "애벌레를 무엇으로 만들 수 있을까?"

4) 달걀판으로 애벌레를 만든다.

- "어떤 애벌레를 만들어 볼까?"
- "너희들이 만들고 싶은 것은 무엇이니?"

5) 자신이 만든 작품을 소개한다.

활동 시 유의점

1) 애벌레의 그림과 함께 다양한 동물의 모형을 제시하여 각각의 특징을 살펴보고 애벌레를 표현하도록 한다.
2) 글루건을 다룰 때 교사의 지도가 필요하다.

활동평가

애벌레에 관심을 가지고 달걀판으로 애벌레를 표현하는지 관찰하여 평가한다.

(애벌레의 특징에 대하여 알 수 있는가?)

(달걀판을 이용해 다양한 형태의 애벌레를 창의적으로 표현하였는가?)

확장활동

곤충 박물관으로 현장학습을 가고 자연에 대해 배운다.

2-10 나만의 퍼즐 만들기

| 주재료: 우드락 |

활동목표	4세 누리과정 관련 요소	창의 · 인성 관련 요소
• 소근육을 조절하여 퍼즐을 만든다. • 여러 가지 미술도구를 활용하여 퍼즐을 창의적으로 구성하는 능력을 가진다.	• 신체운동, 건강: 신체 조절과 기본 운동하기 – 신체 조절하기 • 예술경험: 예술적 표현하기 – 미술활동으로 표현하기	• 창의성: 동기적 요소 – 호기심, 흥미

활동자료

여러 가지 퍼즐 사진, 다양한 꽃 그림, 우드락, 가위, 유성매직, 색연필, 스케치북, 칼

활동방법

1) 사진 자료를 보며 이야기를 나눈다.
   - "퍼즐 모양이 어떠니?"
   - "이 그림에 있는 꽃은 무슨 꽃일까?"
   - "퍼즐 맞추기를 하면 좋은 점이 무엇일까?"
   - "어떤 퍼즐을 맞춰 봤니?"
2) 만들기 재료를 탐색해 본 후 퍼즐을 만든다.
   - "(우드락과 색연필을 보이며) 이 도구로 어떤 그림을 그릴 수 있을까?"
   - "그린 그림으로 퍼즐 모양을 무엇으로 하면 좋을까?"
3) 만든 퍼즐을 맞추어 본다.
   - "퍼즐을 맞추니 완성된 그림이 무엇 같니?"

활동 시 유의점

1) 우드락을 자를 때에는 교사가 잘라 준다.
2) 퍼즐을 만들어 창의력을 기르는 데 주안점을 둔다.

활동평가

1) 소근육을 조절하여 퍼즐을 만드는지 평가한다.
2) 유아가 제시된 여러 가지 재료를 사용하여 창의적으로 미술활동을 하였는지 평가한다.

확장활동

1) 퍼즐 관련 노래를 찾아 불러 본다.
2) 수목원에 가서 꽃에 대해 알아본다.

2-11

재미있는 무늬 그리기

| 주재료: 낙엽 |

활동목표	4세 누리과정 관련 요소	창의 · 인성 관련 요소
• 가을 나뭇잎의 무늬를 통해 아름다움을 느끼고 그 특성을 탐색한다. • 물감을 사용하여 나뭇잎에 창의적으로 그림을 그린다.	• 예술경험: 아름다움 찾아보기 – 미술적 요소 탐색하기 • 예술경험: 예술적 표현하기 – 미술활동으로 표현하기	• 창의성: 동기적 요소 – 몰입 • 인성: 협력 – 개인적 책임감

활동자료

가을의 나뭇잎(은행나무의 잎을 특히 많이 챙길 것), 나뭇잎 사진, 수채화 물감, 물풀, 붓

활동방법

1) 계절마다 다른 나뭇잎 사진을 본다.
   - "계절마다 나뭇잎이 다 다르죠?"
   - "가을 나뭇잎은 어떻게 생겼나요?"
   - "겨울에는 나뭇잎이 어떻게 생겼나요?"
2) 나뭇잎 사진을 보는 것과 실제로 나뭇잎을 만지는 것의 느낌을 비교해 본다.
   - "나뭇잎을 보기만 하는 것은 어떤 느낌이었니?"
   - "나뭇잎을 만져 보니 어떤 느낌이야?"
3) 나뭇잎 위에 물감으로 여러 무늬를 그리며 꾸며 본다.
   - "너희들은 어떤 모양의 무늬를 그리고 싶니?"
   - "너희들은 어떤 색깔로 그려 보고 싶니?"

- "여러 물감을 섞어서 어떤 색이 나오는지 잘 살펴보고 물감을 찍어 무늬를 만들어 보자."

4) 각자가 나뭇잎과 물감으로 꾸민 나뭇잎을 전시하고 그 아름다움을 느껴 본다.
   - "너희들이 예쁘게 꾸민 나뭇잎을 감상해 보자."
   - "꾸미기 전과 꾸미고 난 후 느낌이 어떠니?"
   - "제일 마음에 드는 나뭇잎은 어떤 거니?"
   - "나뭇잎을 어떻게 하면 더 예쁘게 할 수 있을까?"

활동 시 유의점

1) 나뭇잎의 줄기와 잎 모양을 관찰한 후에 활동하도록 한다.
2) 무늬를 그리기 전에 헌 옷으로 갈아입은 후 활동하도록 한다.

활동평가

1) 여러 가지 색깔로 무늬를 창의적으로 꾸미는지 평가한다.

2) 자연에 표현된 자연의 색깔과 무늬의 아름다움을 느끼는지 평가한다.

확장활동

1) 나뭇잎에 물감을 묻혀 헌 옷 또는 스케치북에 찍어 보는 활동을 해 본다.
(유아들이 찍은 활동물을 직접 입어 보고 장식해 볼 수도 있다.)

2) 나뭇잎으로 동물을 만들어 볼 수도 있다.

2-12 잠자리 만들기

| 주재료: 빨대 |

활동목표	4세 누리과정 관련 요소	창의 · 인성 관련 요소
• 다양한 곤충에 관심을 갖는다. • 다양한 곤충의 아름다움을 느낀다.	• 사회관계: 사회에 관심 갖기 – 우리나라에 관심 갖고 이해하기 • 예술경험: 예술적 표현하기 – 미술활동으로 표현하기	• 창의성: 인지적 요소 – 사고의 확장 • 인성: 존중 – 자신과 전통문화에 대한 존중

활동자료

다양한 곤충사진 PPT, 빨대

활동방법

1) 곤충에 대해 함께 이야기를 나눈다.
   - "이 곤충의 이름을 아니?"
   - "이 곤충은 잠자리라고 부른단다."
   - "잠자리는 곤충에 속하고 가을에 볼 수 있단다."
2) 준비한 잠자리 사진을 함께 보며 이야기를 나눈다.
   - "잠자리는 어떻게 생겼니?"
   - "어떤 잠자리가 예쁘게 생겼니?"
   - "너희들은 어떻게 잠자리를 표현할 수 있겠니?"
3) 다양한 잠자리 사진을 본 후 만들고 싶은 것을 선택한다.
   - "다양한 잠자리들 중에 어떤 잠자리를 만들고 싶니?"
   - "너희들이 좋아하는 잠자리를 마음껏 만들어 보자."
4) 활동을 마친 후 함께 평가한다.

 활동 시 유의점

1) 다양한 잠자리를 게시판에 붙여 놓는다.
2) 유아들이 마음껏 만들 수 있도록 기존 잠자리 사진의 일부를 지우고 유아들에게 제시한다.

활동평가

1) 다양한 곤충에 간심을 갖는지 평가한다.
2) 자신의 생각을 창의적으로 표현하는지 평가한다.

 확장활동

'가을소풍 가기' 로 확장할 수 있다.

좋아하는 동물 만들기

| 주재료: 빵과 과자 |

활동목표	4세 누리과정 관련 요소	창의 · 인성 관련 요소
• 동물의 모습을 간단한 과자와 빵을 이용하여 표현한다. • 내가 만든 작품을 친구들 앞에서 발표한다.	• 예술경험: 예술적 표현하기 – 미술활동으로 표현하기 • 자연탐구: 탐구하는 태도 기르기 – 호기심을 유지하고 확장한다.	• 창의성: 동기적 요소 – 몰입 • 인성: 협력 – 개인적 책임감

활동자료

다양한 과자와 빵, 잼, 물엿, 빵칼

활동방법

1) 자신들이 좋아하는 동물들에 대해 이야기를 나눈다.
   - "여러분이 좋아하는 동물이 있나요?"
   - "어떤 동물을 좋아하세요?"
   - "(준비한 동물들 사진을 보여 주며) 선생님은 이 동물을 좋아한단다."
   - "우리들이 알고 있는 동물들이 정말로 많죠?"
2) 좋아하는 동물을 상상해 본다.
   - "너희들이 좋아하는 동물은 무슨 색일까?"
   - "동물의 크기는 어떨까?"
   - "동물의 다리는 몇 개니?"
3) 만들기 활동의 재료를 소개한다.
   - "과자로 동물의 어느 부위를 표현할 수 있을까?"
   - "빵으로 동물의 어느 부위를 만들 수 있을까?"

4) 생각하는 동물을 과자나 빵으로 표현해 본다.
- "빵과 과자로 좋아하는 동물을 만들 수 있겠니?"
- "동물의 머리와 몸을 어떻게 만들어 볼 수 있을까?"

5) 자신이 만든 작품을 친구들 앞에서 소개한다.
- "자기가 좋아하는 동물을 소개해 볼 친구 있니?"
- "이 동물을 무엇을 먹고 크나요?"

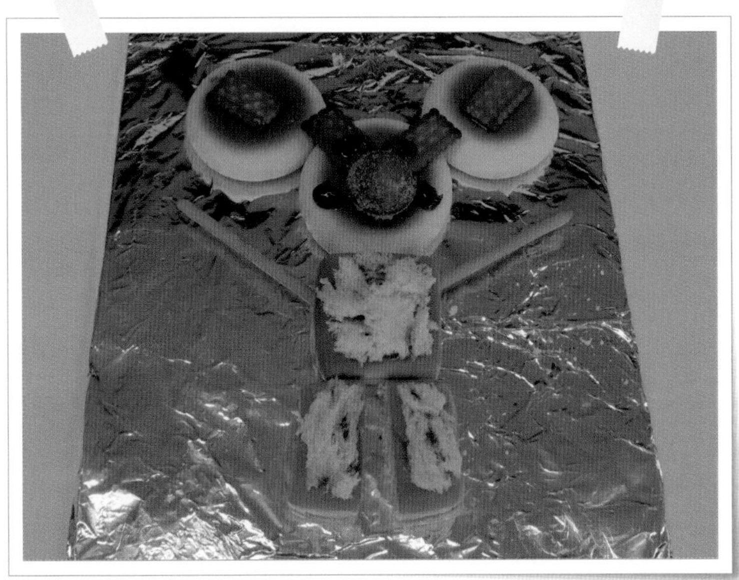

활동 시 유의점

1) 다양한 동물에 대한 자료를 제공한다.
2) 과자와 빵을 자를 때 전용 칼을 안전하게 다루도록 지도한다.
3) 아이들과 서로 좋아하는 것을 이야기한다.

활동평가

1) 동물의 모습을 다양한 과자와 빵으로 어떻게 표현했는지 평가한다.
2) 자신들이 좋아하는 것을 다른 사람에게 적절히 표현하는지 평가한다.

확장활동

1) 동물들의 모습을 표현한다.

2) 실외 놀이터에서 동물 집을 구성해 본다.

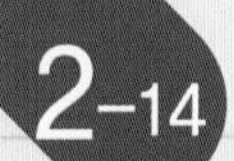

2-14 나만의 화분 만들기

| 주재료: 휴지 심 |

활동목표	4세 누리과정 관련 요소	창의 · 인성 관련 요소
• 나만의 화분에 대해 생각해 보기 • 화분에 심은 식물을 창의적으로 만든다.	• 의사소통: 말하기 – 느낌, 생각, 경험 말하기 • 예술경험: 예술적 표현하기 – 미술활동으로 표현하기	• 창의성: 동기적 요소 – 몰입 • 인성: 존중 – 생명과 환경에 대한 존중

활동자료

색종이, 양면테이프, 글루건, 골판지, 젓가락

활동방법

1) 각자의 화분에 대해 이야기를 나눈다.
   - "어떤 화분이 좋을까?"
   - "어떤 식물들이 자라길 원하니?"
   - "왜 그 식물이 자라길 원하니?"
   - "여러분의 화분에 어떤 식물이 자랄 수 있을까?"
2) 색종이를 이용하여 여러 가지 식물을 만들고 줄기는 나무젓가락을 화분에 꽂아서 만든다.
   - "화분에 심은 식물을 만들어 보자."
   - "색종이로 어떤 식물을 만들 수 있을까?"

   (색종이로 식물의 모양을 만들고 나무젓가락 줄기로 지지한다.)
3) 각자 만든 화분을 소개하고 감상하는 시간을 가진다.
   - "화분에 있는 이건 무슨 식물이니?"

- "누구를 위해 만들었니?"

4) 활동을 평가한다.

- "활동하면서 재미있었던 점(어려웠던 점)은 무엇일까?"
- "다른 친구의 작품 중 가장 재미있게 느낀 작품은 무엇이니?"

활동 시 유의점

1) 사전 활동으로 유치원이나 어린이집 주변의 식물에 대해 이야기를 나눈다.
2) 유아가 다양하게 생각하도록 격려한다.

활동평가

1) 자신의 화분에 대해 관심을 가지는지 평가한다.
(자신의 화분에 대해 흥미를 가지고 상상하는가?)
2) 자신의 화분을 창의적으로 만드는지 평가한다.
(자신의 화분에 심은 식물을 창의적으로 표현하는가?)

 확장활동

1) 화분에 물 주기

2) 유치원 마당에 있는 꽃을 화분에 옮겨 심기

2-15

물고기를 꾸며요

| 주재료: 동전 |

활동목표	4세 누리과정 관련 요소	창의 · 인성 관련 요소
• 주변의 다양한 생활 도구에 관심을 갖는다. • 손의 힘을 조절하여 색연필을 칠한다. • 색칠하기 활동을 즐긴다.	• 신체운동, 건강: 신체 조절과 기본 운동하기 • 예술경험: 예술적 표현하기 – 미술활동으로 표현하기	• 창의성: 인지적 요소 – 사고의 확장

활동자료

스케치북, 색연필, 여러 가지 동전(10, 50, 100, 500원)

활동방법

1) 동전에 대해 이야기를 나눈다.
   - "이 동전은 무슨 모양이지?"
   - "동전들은 왜 크기가 다를까?"
2) 동전을 탐색해 본다.
   - "동전은 언제 사용하는 것일까?"
   - "사용해 본 적 있니?"
3) 활동순서와 방법에 대해 이야기를 나눈다.
   (스케치북 뒤에 동전을 그리고 싶은 쪽이 위로 향하게 둔다.)
   (자신이 원하는 색으로 색칠한다.)
4) 활동할 때 주의할 점에 대해 이야기를 나눈다.
   (동전을 입안에 넣지 않는다.)
5) 동전을 이용해 색칠하기 활동을 한다.

6) 완성된 작품을 감상하며 이야기를 나눈다.

- "어떤 점이 어려웠니?"

활동 시 유의점

1) 자신에게 주어진 공간을 지키며 옆에 친구에게 방해가 되지 않게 조심한다.
2) 동전의 모양이 잘 나오지 않는 친구들을 도와준다.
3) 친구 작품에 낙서하지 않도록 사전에 유아들과 충분히 이야기를 나눈다.

활동평가

1) 동전의 다양한 크기에 관심을 갖는지 평가한다.
2) 손의 힘을 조절하여 색칠하는지 평가한다.
3) 색칠하기 활동을 즐기는지 평가한다.

확장활동

동전 이외에 사용할 수 있는 다양한 재료(예: 낙엽)를 제시한다.

2-16

가족 얼굴 꾸미기

| 주재료: 달걀 |

활동목표	4세 누리과정 관련 요소	창의 · 인성 관련 요소
• 자기 가족의 얼굴과 모습에 관심을 가진다. • 자기 가족의 모습을 창의적으로 표현한다.	• 사회관계: 사회에 관심 갖기 - 가족 간에 관심 갖기 • 예술경험: 예술적 표현하기 - 미술활동으로 표현하기	• 창의성: 동기적 요소 - 몰입

활동자료

가족의 얼굴 사진, 가위, 양면테이프, 실, 공작용 완구 눈알, 유성펜, 삶은 달걀

활동방법

1) 교사가 미술영역에 가족에 관한 동화책이나 가족 사진, 그림 등 미술 재료를 준비해 둔다.
2) 원하는 유아들은 미술 영역에 모여 활동한다.
(가족 사진을 보며 꾸미고 싶은 가족을 고른다.)
(달걀을 어떻게 꾸밀지 계획해 본다.)
(여러 가지 재료를 활용하여 달걀을 꾸민다.)
3) 교사는 다음과 같이 상호작용해 줄 수 있다.
- "가족에는 누가 있니?"
- "더 재밌게 꾸민 가족은 누구의 가족일까?"
- "머리색은 어떠니?"
- "머리 모양은 어떠니?"

활동 시 유의점

1) 삶은 달걀을 준비한 후, 유아들이 스스로 꾸밀 수 있도록 할 수 있게 지도한다.
2) 양면테이프로 붙이고 실로 붙이거나 공작용 완구 눈알을 붙이는 것은 교사가 도움을 준다.

활동평가

가족의 얼굴과 모습에 관심을 갖고 가족의 얼굴의 특징을 적절하게 표현하는지 평가한다.

(가족의 모습에 관심을 갖는가?)

(가족의 특징을 살려 자신이 표현하고 싶은 것을 적절한 방법으로 나타내는가?)

확장활동

1) 달걀을 언어영역에서 활용할 경우 유아들이 여러 가지 달걀로 인형극을 해 볼 수 있다.

2) 유아들이 달걀로 만든 가족 얼굴을 사진으로 찍은 후 가족놀이용 인형으로 만들어 보는 활동을 할 수 있다.

2-17 생활도구 만들기

| 주재료: 귤껍질 |

활동목표	4세 누리과정 관련 요소	창의 · 인성 관련 요소
• 주변의 다양한 생활도구에 관심을 갖는다. • 귤껍질을 그림에 맞추어 붙인다.	• 신체, 건강: 신체조절과 기본 운동하기 – 신체조절 하기 • 예술경험: 예술적 표현하기 – 미술활동으로 표현하기 • 자연탐구: 탐구하는 태도 기르기 – 간단한 도구와 기계 활용하기	• 창의성: 동기적 요소 – 호기심, 흥미

활동자료

귤껍질, 검은색 도화지, 여러 종류의 공작용 철사, 우드락, 목공풀, 가위

활동방법

1) 활동자료를 탐색해 본다.

- "이것은 무엇일까?"
- "이것은 언제 사용하는 것일까?"
- "이것을 사용해 본 적 있니?"

〈제작방법〉

① 우드락 위에 종이를 붙인다.

② 자신이 만들고 싶은 모양을 그려 본다.

③ 그림에 맞게 귤껍질을 목공풀로 붙인다.

④ 공작용 철사로 테두리를 감싼다.

2) 활동 시 주의할 점에 대해 이야기한다.

- "글루건을 사용할 때 어떻게 해야 할까?"
- "귤껍질로 장난치면 될까요?"

3) 귤껍질로 만들어 본다.

- "표현할 수 있을까?"
- "만들 수 있을까?"

4) 완성된 작품을 감상하며 이야기를 나눈다.

- "어떤 모양을 만들었니?"
- "이것은 어떤 것에 쓰이는 물건이니?"
- "어떤 점이 어려웠니?"

활동 시 유의점

1) 생활도구는 유아들이 쉽게 예측할 수 있는 것으로 선택한다.

2) 가위를 사용할 때 조심해서 사용한다.
3) 너무 마른 귤껍질을 사용하지 않는다.
4) 글루건을 사용할 때 손을 데이지 않도록 주의를 준다.

활동평가

1) 주변의 다양한 생활도구에 관심을 갖는지 평가한다.
2) 귤의 껍질을 그림의 크기에 알맞게 붙였는지 평가한다.

확장활동

1) 귤껍질 외에 다른 껍질로도 표현한다.
2) 나타난 결과물을 보며 어떤 생활도구인지 친구들과 수수께기 놀이를 한다.

2-18 겨울풍경 꾸미기

| 주재료: 나뭇가지와 스티로폼 |

활동목표	4세 누리과정 관련 요소	창의 · 인성 관련 요소
• 겨울풍경의 아름다움을 느낀다. • 다양한 재료를 사용하여 겨울 풍경의 아름다움을 표현한다.	• 예술경험: 예술적 표현하기 – 미술활동으로 표현하기 • 사회관계: 다른 사람과 더불어 생활하기 – 공동체에서 화목하게 지내기	• 인성: 협력 – 집단 협력

활동자료

겨울풍경 사진 혹은 영상 자료, 겨울풍경을 주제로 그린 미술작품, 도화지, 스티로폼, 물풀, 나뭇가지, 강아지풀, 솔잎

활동방법

1) 겨울풍경 모습을 감상한다.
   - "어떤 풍경이 보이니?"
   - "풍경을 보니 어떤 마음이 드니?"
2) 여러 가지 다양한 겨울풍경 사진, 영상을 감상한다.
   - "겨울풍경을 보니 어떤 느낌이 드니?"
3) 겨울풍경을 주제로 한 미술작품을 감상한다.
   - "겨울풍경이 나온 그림을 다 함께 보자."
4) 겨울풍경 꾸미기 활동을 계획한다.
   - "그럼, 우리도 겨울풍경을 꾸며 볼까?"
   - "무엇으로 꾸며 보고 싶니?"
   - "겨울풍경의 어떤 모습을 그리고 싶니?"

5) 여러 가지 재료들로 겨울풍경 꾸미기 개별 작업을 한다.
- "스티로폼을 사용하여 눈을 만들어 보자."
- "도화지에 물풀을 칠하고 스티로폼 눈을 뿌려 보자."
- "도화지에 스티로폼 눈이 붙었니?"
- "완성된 작품을 보니 어떠니?"

6) 겨울풍경 그리기 공동 작업을 한다.
- "우리 모두 함께 꾸며 보려면 어떻게 해야 될까요?"
- "겨울풍경 중에 또 어떤 것들을 꾸며 보고 싶니?"
- "여러분이 직접 만들어 본 겨울풍경을 보니 어떠니?"

활동 시 유의점

1) 제시한 활동을 하루에 모두 실시하기는 어려우므로 겨울풍경 감상하기, 개별 작업 하기, 공동 작품 만들기 등으로 나누어 활동을 실시한다.
2) 겨울풍경 사진 및 영상 감상 시 분위기 있는 음악을 들려주어 유아들이 시각적, 청각적으로 느낄 수 있도록 한다.

활동평가

1) 겨울풍경의 아름다움을 충분히 느끼고 즐기는 경험을 하였는지 평가한다.
2) 겨울풍경의 특징과 아름다움을 이해하여 표현하는지 평가한다.
3) 나와 다른 사람의 예술표현을 소중히 여기고 다루는지 평가한다.

확장활동

겨울풍경에 대한 유아들의 생각이나 느낌 이야기를 모아서 유아들이 공동으로 동시를 짓거나, 겨울풍경 이야기책을 만들어 여러 사람의 생각과 느낌을 공유해 본다.

2-19

우리 집 만들기 1

| 주재료: 과자 |

활동목표	4세 누리과정 관련 요소	창의 · 인성 관련 요소
• 우리 집에 관심을 갖는다. • 우리 집 구조를 알아본다.	• 사회관계: 사회에 관심 갖기 – 지역사회에 관심 갖고 이해하기	• 창의성: 동기적 요소 – 호기심 흥미 • 인성: 존중 – 다른 사람들과 다른 문화에 대한 존중

활동자료

식판, 과자

활동방법

1) 우리 집에 있는 다양한 방을 보여 주며 방의 모습, 특징, 내용에 대해서 이야기를 나눈다.
   - "집은 무엇이니?"
   - "집을 보고 무슨 생각을 하니?"
   - "집은 어떤 구조로 되어 있을까?"
2) 우리 집을 만드는 이유에 대해 이야기를 나눈다.
   - "집에 물건들은 누가 만들었을까?"
   - "집을 왜 만들까?"
   - "집이 없다면 어떻게 될까?"

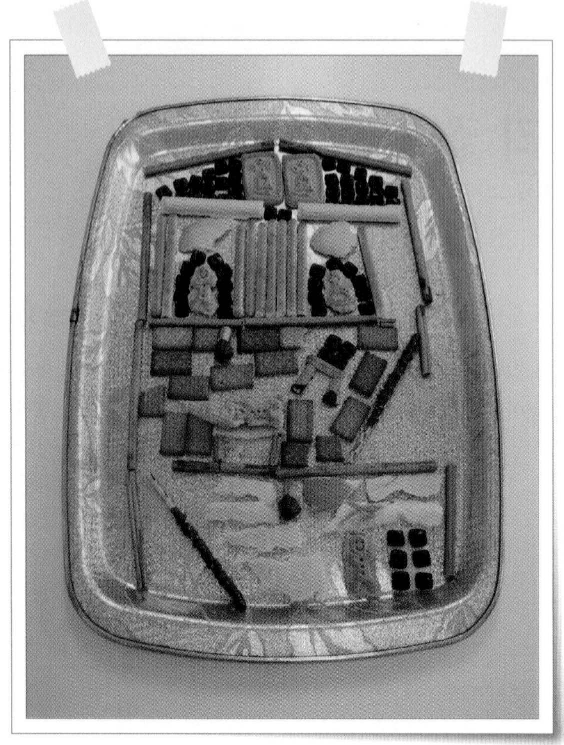

활동 시 유의점

1) 교사는 아이들이 살고 있는 집의 다양한 구조를 살펴본다.
2) 인터넷에서 집 구조에 관한 다양한 사진이나 자료를 찾아본다.
3) 유아들이 손을 깨끗하게 씻도록 한다.

활동평가

1) 유아들이 자유롭고 적극적으로 참여하는지 본다.
2) 집에 대해 관심을 갖는지 본다.

2-20

겨울풍경 그리기

| 주재료: 사포 |

활동목표	4세 누리과정 관련 요소	창의 · 인성 관련 요소
• 다양한 미술활동으로 생각과 느낌을 창의적으로 표현한다.	• 예술경험: 예술적 표현하기 – 미술활동으로 표현하기 – 다양한 미술활동으로 자신의 생각과 느낌을 표현한다.	• 창의성: 인지적 요소 – 사고의 확장 • 인성: 존중 – 생명과 환경에 대한 존중

활동자료

크레파스, 토시, 물감, 칫솔, 사포, 토시, 앞치마

활동방법

1) 겨울풍경에 대해 함께 이야기해 본다.
   - "겨울에는 날씨가 어떨까?"
   - "눈이 오면 무엇을 하고 싶니?"
2) 그리고 싶은 겨울풍경을 그려 본다.
3) 활동 후에 느낀 점을 이야기해 본다.
   - "어떤 점이 재미있었니?"

활동 시 유의점

1) 물감이 옷에 튀지 않게 유의한다.
2) 사포에 베이지 않도록 손을 조심한다.

활동평가

1) 사포에 그림 그리기를 창의적이고 독창적으로 표현하는지 평가한다.
2) 놀이에 자발적으로 참여하고 즐기는지 평가한다.

확장활동

사포가 아닌 다른 물체에 그려 본다.

2-21 우리 집 만들기 2

| 주재료: 수수깡 |

활동목표	4세 누리과정 관련 요소	창의 · 인성 관련 요소
• 우리 동네에 있는 다양한 건물의 형태와 장소에 관심을 갖는다. • 여러 가지 상자와 소품을 이용하여 우리 동네를 표현한다. • 친구들과 공간 구성 놀이를 즐기며 협력하는 태도를 기른다.	• 사회관계: 사회에 관심 갖기 – 세계와 여러 문화에 관심을 가지고 이해하기 • 예술경험: 예술적 표현하기 – 미술활동으로 표현하기 • 예술경험: 아름다움 찾아보기 – 미술적 요소 탐색하기	• 창의성: 인지적 요소 – 사고의 확장 • 창의성: 동기적 요소 – 호기심, 흥미 • 인성: 협력 – 긍정적인 상호 의존성

활동자료

사진(다양한 형태의 집), 수수깡, 글루건, 가위, 도화지 또는 스케치북

활동방법

1) 여러 집을 봐 왔던 경험에 대해 이야기를 나눈다.
   - "엄마 아빠랑 여러 모양의 집을 이곳저곳 둘러본 친구가 있니?"
   - "어떤 곳을 지나가면서 집을 둘러보았니?"
   - "우리 동네에 어떤 모양의 집이 있니?"
2) 다양한 모양의 집이 있는 동네 모습 사진을 보며 다른 동네에 가 보았던 경험에 대해서도 이야기를 나눈다.
   - "차를 타고 다른 동네에 가 본 친구가 있을까?"
   - "차를 타고 갔던 다른 동네에선 어떤 모양의 집을 보았니?"
   - "다른 동네와 우리 동네는 어떤 모습이 달랐니?"

- "선생님이 가 보았던 다른 동네 사진이 있는데 우리 같이 살펴볼까?"
- "사진 속 동네는 어떤 모습이니?"
- "이런 모양의 집을 본 적이 있니?"

3) 우리 동네를 둘러보면 어떤 색이 떠오르는지 이야기를 나눈다.
- "우리 동네를 생각하면 어떤 색이 떠오르니?"
- "왜 그런 색이 떠올랐니?"
- "우리 동네에도 이렇게 여러 가지 색으로 된 곳이 있을까?"

4) 모둠별로 우리 동네에서 관심이 있었던 집의 모양을 꾸며 볼지 의논한다.
- "우리 동네의 높은 건물을 꾸며 보고 싶은 모둠이 있니?"
- "높은 건물들은 무엇으로 꾸며 볼 수 있을까?"
- "혼자 꾸미기 힘든 건물들은 누구와 함께 만들고 꾸며 보면 좋겠니?"

5) 모둠이 선택한 장소의 모습을 꾸며 보는 방법을 의논한다.
- "○○ 모둠에서는 어떤 재료를 가지고 만들어 볼 수 있을까?"
- "어떤 재료를 이용하면 높은 건물이 만들어질까?"
- "어떤 재료를 이용해서 창문을 꾸밀 수 있을까?"

6) 모둠으로 나누어 준비된 재료를 이용하여 어떻게 집을 구성할지 함께 의논하며 '올망졸망 집짓기' 를 진행한다.
- "어떤 모양으로 수수깡을 쌓아 보면 좋을까?"
- "낮은 건물은 어떻게 이어서 표현할까?"
- "높은 건물은 얼마나 높이 올려야 할까?"
- "수수깡은 무엇을 만들 때 사용할 것 같니?"

7) 친구들과 함께 구성한 집의 모습을 소개한다.
- "우리 동네의 어떤 모습을 만들었니?"
- "무엇을 보며 우리 동네의 색을 표현했니?"
- "○○ 모둠 친구들은 어떤 집을 표현해 보았니?"
- "×× 모둠 친구들은 어떤 집을 꾸몄니?"

8) 미술영역 놀이 후 느낀 점에 대해 이야기를 나눈다.
- "나만의 집 만들기 놀이를 해 보니 어떠니?"
- "집을 만들 때 어떤 점이 어려웠니?"

- "친구들이 찾아낸 색을 넣어 우리 동네를 만드니 기분이 어떠니?"

활동 시 유의점

1) 유아가 다치지 않도록 가위질, 칼질은 도와주도록 한다.
2) 글루건을 사용할 때는 교사가 도와주도록 한다.
3) 지역별로 유아가 관심이 있는 장소의 사진을 추가하여 사용하도록 한다.

활동평가

1) 우리 집의 모습에 관심을 갖고 우리 동네 모습을 구성하는지 평가한다.
   (우리 집의 모습에 구체적인 관심을 가지는가?
   (집의 형태나 색의 특징을 살려 우리 집을 표현하는가?)
2) '집 구성하기' 놀이에 자발적으로 참여하고 놀이를 즐기는지 평가한다.
   (집 구성하기' 활동에 자발적으로 참여하는가?)
   (친구들과 협력하여 놀이를 하는가?)
   ('나만의 집 만들기' 를 표현하는 과정을 즐기는가?)

확장활동

1) 유아들이 구성한 '나만의 집 만들기' 결과물을 언어영역에 두고 이야기 구성하기 활동을 할 수 있다.
2) 친구들이 꾸민 집의 모습 중에서 살고 싶은 집을 찾아보고 그 이유를 말해 보는 활동으로 확장할 수 있다.
3) 유아들이 꾸민 집을 활동하여 인형극 놀이를 하거나 다른 인형자료와 함께 제시하여 동화를 들려줄 수 있다.
4) 집과 관련된 노래를 찾아보고 불러 본다.
5) 과자를 이용해 집을 만들어 본다.

2-22 움직이는 그림

| 주재료: 종이와 수수깡 |

활동목표	4세 누리과정 관련 요소	창의 · 인성 관련 요소
• 다양한 미디어를 통해 그림을 감상한다. • 미디어아트를 감상하고 자신의 생각을 이야기할 수 있다.	• 의사소통: 말하기, 느낌, 생각, 경험 말하기 • 예술경험: 예술적 표현하기 - 미술활동으로 표현하기 • 자연탐구: 과학적 탐구하기, 간단한 도구와 기계 활용하기	• 창의성: 인지적 요소 - 사고의 확장, 성향적 요소 - 개방성

활동자료

동화 『행복한 미술관』(저자: 앤서니 브라운, 출판: 웅진닷컴, 2004), 『행복한 미술관』 미디어아트 동영상, 움직이는 그림 동영상

활동방법

1) 『행복한 미술관』 그림책 중에서 그림만 본 후 이야기를 나눈다.
   - "어떤 그림이 들어 있었니?"
   - "어떤 이야기일 것 같니?"
2) 그림책을 보고 난 후 그림에 대해 이야기를 나눈다.
   - "누가 나왔니?"
   - "어떤 그림들이 나왔니?"
3) 움직이는 그림에 대해 이야기를 나눈다.
   - "그림들이 움직이는 것을 본 적 있니?"
   - "그림들이 어떻게 움직였니?"
4) 『행복한 미술관』 미디어아트 동영상을 본다.

ARI♥

SANTA

- "어떤 그림들이 나왔니?"
- "느낌이 어떠니?"
- "그림을 볼 때와 움직이는 그림을 볼 때의 느낌이 어떻게 다르니?"
- "움직이는 그림을 감상할 때 음악도 잘 들어 보았니?"

5) 수수깡과 종이로 움직이는 그림을 만들어 본다.

- "어떤 그림을 만들었니?"
- "또 어떤 방법으로 그림을 움직이게 할 수 있을까?"

활동 시 유의점

1) 교사가 적절한 크기의 종이와 수수깡을 준비한다.
2) 다양한 표현을 만드는 데 위해 여러 가지 미술재료를 준비해 준다.

활동평가

1) 다양한 그림에 관심을 가지는지 평가한다.
2) 다양한 도구로 표현하였는지 평가한다.
3) '움직이는 그림' 을 만드는 데 적극적으로 참여하였는가?

확장활동

1) 다른 방법으로 '움직이는 그림' 을 만들어 본다.
2) 다양한 유형의 미술에 관심을 가진다.

2-23

우리 유치원

| 주재료: 식빵과 과자 |

활동목표	4세 누리과정 관련 요소	창의 · 인성 관련 요소
• 우리 유치원에 관심을 갖는다. • 우리 유치원의 모습과 특징을 안다. • 우리 유치원의 모습을 빵, 생크림과 과자로 꾸민다.	• 사회관계: 사회에 관심 갖기 – 세계와 여러 문화에 관심 갖기 • 예술경험: 예술적 표현하기 – 미술활동으로 표현하기 • 예술경험: 아름다움 찾아보기 – 미술적 요소 탐색하기	• 창의성: 인지적 요소 – 사고의 확장 • 창의성: 성향적 요소 – 독립성 • 인성: 존중 – 생명과 환경에 대한 존중

활동자료

우리 유치원 사진, 다양하게 꾸밀 수 있는 과자(초콜릿, 빼빼로, 여러 가지 과자), 쟁반, 생크림, 식빵

활동방법

1) 우리 유치원의 모습과 특징에 대하여 이야기해 본다.
   - "우리 유치원은 어떤 모습이었니?"
   - "우리 유치원을 관찰해 본 적이 있니?"
   - "우리 유치원엔 어떤 색깔이 있니?"
   - "우리 유치원의 창문과 문은 어떻게 생겼니?"
2) 각자 관찰하고 느낀 대로 유치원을 꾸밀 수 있는 방법에 대해 이야기를 나눈다.
   - "(유치원의 모습을 담은 사진을 보며) 어떤 방법으로 집을 꾸며 보면 좋을까?"

- "빵으로는 무엇을 하면 좋을까?"
- "빵을 잘라 볼까?"
- "빵을 집처럼 잘라 볼까?"
- "빵을 자르려면 무엇이 필요할까?"

3) 빵을 이용하여 유치원 모양을 만든 후 그 위에 생크림을 바르고 가지고 온 과자로 함께 유치원을 꾸며 본다.

- "초콜릿을 어디에 붙여 볼까?"
- "여러 가지 예쁜 색 초콜릿을 붙여 보니 어때 보이니?"
- "초콜릿이 떨어지지 않게 하려면 어떻게 하면 좋을까?"
- "생크림 위에 붙여 보니까 느낌이 어떠니?"
- "문은 어떻게 하고 싶니?"
- "빵을 붙여 보는 건 어떠니?"
- "벽 모양은 어떻게 표현해 볼래?"

4) '빵과 과자로 만든 우리 유치원' 활동 후 느낀 점에 대해 이야기를 나눈다.

- "유치원을 예쁘게 꾸미고 나니까 기분이 어떠니?"

- "생크림의 느낌은 어떠니?"
- "더 꾸며 보고 싶은 곳이 있니?"

활동 시 유의점

1) 과자를 가지고 올 때 부서지지 않도록 다룬다.
2) 빵을 자를 때 칼에 손을 다치지 않도록 유의한다.
3) 주변 정리를 깨끗이 해서 과자에 이물질이 묻지 않도록 한다.
4) 손을 깨끗이 씻는다.

활동평가

1) 우리 유치원의 외형에 관심을 갖고 모습과 특징을 알아본다.
   (우리 유치원에 대해 잘 알고 있는가?)
   (우리 유치원에 있는 모습과 특징을 잘 아는가?)
2) 우리 유치원의 모습을 빵과 과자를 이용하여 꾸몄는지 평가한다.
   (빵과 과자에 관심을 가지고 사용하는가?)
   (우리 유치원 모습을 만들 때 과자를 사용하여 다양하게 꾸며 보았는가?)

확장활동

1) 유아들의 작품을 게시하고 다른 유아들과 함께 작품을 감상하며 이야기를 나누어 보는 활동을 할 수 있다.
2) 유아들의 작품을 유치원의 한 장소에 모아 작품전시장 만들기를 할 수 있다.

2-24 나만의 마이크 만들기

| 주재료: 휴지 심과 은박지 |

활동목표	4세 누리과정 관련 요소	창의 · 인성 관련 요소
• 소근육을 조절하여 마이크를 만든다. • 여러 재활용품을 활용하여 마이크를 창의적으로 만드는 능력을 기른다.	• 신체운동, 건강: 신체조절과 기본운동 하기 – 신체조절 하기 • 예술경험: 예술적 표현하기 – 미술활동으로 표현하기	• 창의성: 동기적 요소 – 호기심, 흥미

활동자료

가수가 노래 부르는 사진, 다양한 노래 부르는 사진, 휴지 심, 도화지, 은박지, 종이컵, 양면테이프, 크레파스

활동방법

1) 사진 자료를 보며 이야기를 나눈다.
- "사람들이 무엇을 하고 있니?"
- "마이크가 어떻게 생겼니?"
- "노래를 부를 때 마이크를 어떻게 잡고 있니?"
- "노래를 무슨 도구를 가지고 부르고 있니?"
- "노래를 부르면 어떤 마음이 들까?"

2) 만들기 재료를 탐색해 본 후 응원도구를 만든다.
- "(재료를 보이며) 이 도구로 어떤 마이크를 만들 수 있을까?"
- "어떻게 만들면 좋을까?"
- "어떤 모양으로 꾸며 볼까?"

3) 휴지 심과 은박지로 만든 마이크로 노래 부르는 역할을 해 본다.

- “마이크를 어떻게 들고 노래를 부를까?”
- “노래를 부르면서 마이크는 어떤 역할을 할까?”

4) 마이크를 활용하는 여러 가지 방법에 대하여 대화를 나눈다.

- “우리가 만든 마이크를 어떻게 사용할 수 있을까?”

활동 시 유의점

1) 휴지 심과 빈 종이컵을 준비해 둔다.
2) 마이크를 노래 부를 때 활용하는 데 초점을 둔다.

활동평가

1) 소근육을 조절하여 마이크를 만드는지 평가한다.
2) 유아가 제시된 여러 가지 재료를 사용하여 창의적으로 미술활동을 하였는지 평가한다.

확장활동

1) 노래를 지어 부르는 역할놀이를 할 수 있다.
2) 지은 노래를 부르면서 마이크를 활용해 볼 수 있다.

남극 펭귄 만들기

| 주재료: 재활용 캔 |

활동목표	4세 누리과정 관련 요소	창의 · 인성 관련 요소
• 남극 펭귄에 관심을 가진다. • 다양한 재료를 이용하여 펭귄을 만든다.	• 예술경험: 예술적 표현하기 – 미술활동으로 표현하기	• 창의성: 성향적 요소 – 독립성 • 인성: 협력 – 긍정적인 상호의존성

활동자료

다양한 재활용품(음료 캔, 휴지 심), 꾸미기 재료(사인펜, 목공용 풀, 색종이, 가위, 골판지)

활동방법

1) 다양한 남극 펭귄의 사진을 보며 이야기를 나눈다.
   - "펭귄의 생김새는 어떠니?"
   - "어떻게 움직일 것 같니?"
2) 교사는 남극 펭귄을 만들기 위해 필요한 재료들을 살펴본 후 만들어 볼 것을 제안한다.
   - "여기에 있는 재료를 사용하여 내가 만들고 싶은 남극 펭귄을 만들어 보자."
3) 각자가 만든 남극 펭귄을 소개한다.
   - "네가 만든 펭귄은 어떤 펭귄이니?"
   - "왜 이런 펭귄을 만들게 되었니?"
   - "이 펭귄은 어떻게 움직이니?"

4) 만든 펭귄을 역할놀이 영역에 전시하고 자유롭게 탐색하게 한다.

활동 시 유의점

1) 펭귄의 생김새에 대해 알게 하고 탐색하여 여러 가지 유형의 펭귄이 만들어지도록 안내한다.
2) 다양한 재료를 이용하여 창의적으로 표현할 수 있도록 격려한다.
3) 펭귄을 만드는 활동뿐 아니라, 완성된 펭귄의 특징, 생김새, 움직임에 대해서 소개하는 시간을 충분히 갖도록 하며 놀이도구로 사용할 수 있도록 만들면 좋다.

활동평가

1) 남극 펭귄에 대해 관심을 가지는지 평가한다.
2) 다양한 재료를 이용하여 남극 펭귄을 창의적으로 만드는지 평가한다.

확장활동

펭귄들로 역할놀이(가족 펭귄 놀이)를 해 본다.

2-26 캐릭터 그리기

| 주재료: 면봉 |

활동목표	4세 누리과정 관련 요소	창의 · 인성 관련 요소
• 여러 가지 색을 사용하여 창의적으로 캐릭터를 꾸민다. • 면봉의 용도를 안다.	• 예술경험: 예술적 표현하기 - 미술활동으로 표현하기	• 창의성: 인지적 요소 - 사고의 확장 • 인성: 협력 - 개인적 책임감

활동자료

캐릭터 도안, 면봉, 포스터칼라, 도화지, 물통, 붓

활동방법

1) 각자 좋아하는 캐릭터를 보면서 이야기를 나눈다.
   - "친구들 안녕! 나는 만화 〈뽀롱뽀롱 뽀로로〉에 나오는 뽀로로라고 해."
   - "나는 어떻게 생겼을까?"
   - "그래 나는 펭귄이야. 나의 신체 특징에 맞게 여러 가지 색으로 색칠해 줄 수 있니?"
2) 친구들마다 조금씩 다른 캐릭터에 대해 이야기를 나눈다.
   - "(캐릭터 도안을 보면서) 이것은 무슨 캐릭터니?"
   - "왜 이 캐릭터를 선택했니?"
   - "만들고 싶은 캐릭터는 무슨 색깔이 필요하니?"
3) 각자 좋아하는 캐릭터를 꾸미기 위해 필요한 재료(도화지, 면봉, 물통, 붓, 포스터칼라)를 탐색한다.
   - "어떤 색깔로 캐릭터를 색칠할 수 있을까?"
4) 좋아하는 캐릭터를 정하여 미술활동을 한다.

- "○○가 만든 캐릭터의 이름이 무엇이니?"
- "면봉으로 캐릭터를 그리면서 좋았던 점은 무엇이니?"
- "면봉으로 캐릭터를 그리면서 힘들었던 점은 무엇이니?"
- "우리가 만든 캐릭터를 어디에 전시할까?"

활동 시 유의점

1) 유아들의 개인차를 고려하여 캐릭터를 만들 수 있게 도와주고 그리기 어려워하는 유아에게는 캐릭터 도안을 제공하여 꾸미기 활동을 할 수 있도록 한다.
2) 다양한 색깔의 물감을 준비하여 유아들이 창의적으로 그림을 완성할 수 있게 한다.

활동평가

1) 각자 좋아하는 캐릭터에 관심을 갖고 그 캐릭터에는 어떤 색깔이 필요한지 평가한다.
   (각자 좋아하는 캐릭터가 있는가?)

(캐릭터에는 무슨 색깔이 필요한가?)

2) 각자 좋아하는 캐릭터를 창의적으로 꾸미는지 평가한다.

(각자 좋아하는 캐릭터를 다양한 색으로 표현하는가?)

(면봉으로 물감을 찍어 그림 그리는 것을 잘 표현하는가?)

확장활동

1) 유아들이 만든 캐릭터 작품을 이용하여 작품전시회를 구성할 수 있고 환경구성으로도 활용할 수 있다.
2) 미술영역에서 유아들이 만든 캐릭터에 새로운 이름을 지어 보는 활동을 할 수 있다.

2-27 숲 속 새 둥지 만들기

| 주재료: 찰흙과 나뭇가지 |

활동목표	4세 누리과정 관련 요소	창의 · 인성 관련 요소
• 새 둥지에 관심을 갖는다. • 다양한 자연 재료를 활용하여 새 둥지 만들기	• 예술경험: 예술적 표현하기 – 미술활동으로 표현하기	• 창의성: 동기적 요소 – 몰입 • 인성: 협력 – 생명과 환경에 대한 존중

활동자료

새 둥지가 있는 사진, 다양한 재료(종이컵, 색종이, 컵라면 용기 넓은 것, 휴지 심, 지푸라기), 접착제(양면테이프)

활동방법

1) 새 둥지가 그려진 사진을 가지고 이야기를 나눈다.
   - "둥지를 만들기 위해서는 어떤 물건들이 필요할까?"
2) 둥지를 어떻게 만들 수 있을지 이야기를 나눈다.
   - "둥지를 만들기 위해서는 어떤 물건들이 필요할까?"
3) 재료를 앞에 놓아 두고 자유롭게 만든다.
   (색종이로 둥지와 새를 만든다.)
4) 자신이 만든 둥지와 새를 소개한다.
   - "자, ○○이 만든 둥지를 친구들에게 소개해 볼까?"

활동 시 유의점

1) 유아들이 다양한 재료를 탐색할 수 있도록 충분한 시간을 준다.

2) 유아들이 자유롭게 만들 수 있도록 환경을 만들어 준다.

활동평가

1) 둥지를 만들고 나서 둥지에 관심을 가지고 있는지 평가한다.

2) 다양한 재료들을 활용하여 만들었는지 활동과정을 통해 평가한다.

확장활동

1) 밖으로 나가 둥지를 나무에 올려 본다.

2) 새소리를 흉내 내 본다.

3) 새의 날갯짓을 흉내 내 본다.

2-28 친구 얼굴 만들기

| 주재료: 달걀껍질 |

활동목표	4세 누리과정 관련 요소	창의 · 인성 관련 요소
• 달걀껍질과 털실을 이용하여 친구 얼굴을 만든다. • 친구와 친하게 지낼 수 있다.	• 사회관계: 다른 사람과 더불어 생활하기 – 친구와 사이좋게 지내기 • 예술경험: 예술적 표현하기 – 미술활동으로 표현하기	• 창의성: 동기적 요소 – 호기심, 흥미 • 인성: 배려 – 친구에 대한 공감과 배려

활동자료

달걀껍질, 털실, 색종이, 단추, 목공용 풀, 일회용 접시

활동방법

1) 자신의 오른쪽에 있는 친구에 대해 이야기를 나눈다.
   - "너희들의 오른쪽에는 누가 있니?"
   - "친구 얼굴 중 어디가 제일 멋지고 예쁘니?"
   - "옆에 친구에 대한 것 중 무엇을 알고 있니?"
2) 재료들을 탐색해 본다.
   - "달걀껍질을 만져 보니 어때?"
   - "달걀껍질로 만들어 보고 싶은 게 무엇이니?"
   - "달걀껍질로 친구에게 무엇을 만들어 주고 싶니?"
3) 달걀껍질과 여러 재료를 이용하여 친구 얼굴을 표현해 본다.
4) 친구에 대해 소개해 본다.
   - "친구 얼굴을 만들면서 무엇을 알게 되었니?"
   - "밖에서나 유치원에서 친구를 만나면 어떻게 해야 되죠?"

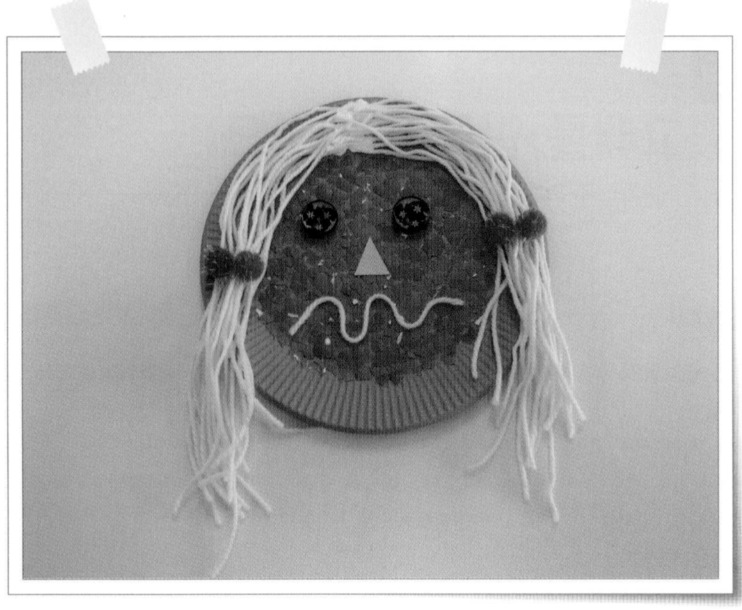

활동 시 유의점

1) 달걀껍질을 만질 때 다칠 수도 있으니 방망이 등으로 살살 두들겨 작은 조각으로 만들어 준다.
2) 사전에 친구에 대해 알기 위해 이야기를 나누게 한다.

활동평가

1) 친구와 상호작용을 얼마나 했는지 평가한다.
2) 달걀껍질로 만든 친구 얼굴 작품을 평가한다.

확장활동

1) 유아들이 친구에게 하고 싶은 말을 편지로 써 보도록 한다.
2) 친구의 편지에 답장도 해 보는 경험을 가진다.

2-29 고래를 만들어 보아요

| 주재료: 과자 |

활동목표	4세 누리과정 관련 요소	창의 · 인성 관련 요소
• 고래의 모습과 특징에 대해 안다. • 과자를 사용하여 고래를 만든다. • 여러 종류의 과자를 이용해 작품을 꾸민다.	• 사회관계: 다른 사람과 더불어 생활하기 – 친구와 사이좋게 지내기 • 예술경험: 예술적 표현하기 – 미술활동으로 표현하기	• 창의성: 동기적 요소 – 호기심 • 인성: 존중 – 생명과 환경에 대한 존중

활동자료

고래 사진, 큰 쟁반, 물엿, 여러 종류의 과자

활동방법

1) 고래를 본 경험을 이야기한다.
- "박물관이나 TV에서 고래를 본 적이 있니?"
- "고래를 보고 어땠니?"

2) 고래 사진을 보고 고래의 특징에 대해 이야기를 나눈다.
- "고래를 보려면 어디에 가야 될까?"
- "고래는 어떻게 생겼니?"

3) 고래를 만들기 위해 필요한 것에 대해서 함께 이야기를 나눈다.
- "우리가 고래를 만들어 볼까?"
- "고래를 만들려면 무엇이 필요할까?"
- "고래는 어떻게 만들까?"

4) 각자 고래를 만들어 본다.

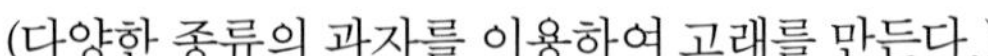

(다양한 종류의 과자를 이용하여 고래를 만든다.)

〈고래를 만드는 방법〉
쟁반에 과자로 고래 모양 틀을 만든다. 틀 안으로 과자를 채운다. 고래 주위를 꾸며 준다. 그러면 나만의 고래가 완성된다.

5) 만들어진 고래를 함께 감상한다.
- "고래 만들기를 하면서 즐거웠던 점은 무엇이었니?"
- "고래 만들기를 하면서 어려웠던 점은 무엇이니?"
- "너희가 만든 고래를 친구들에게 소개해 보겠니?"
- "친구들이 만든 수족관을 칭찬해 보자."

활동 시 유의점

1) 유아가 충분히 재료를 탐색하고 창의적으로 고래를 만들 수 있다.
2) 다양한 종류의 과자를 골고루 사용해 보도록 한다.

활동평가

1) 다양한 종류의 과자를 이용하여 고래를 표현했는지 평가한다.
2) 즐겁게 만들기를 하는지 평가한다.
3) 만든 작품에 대해 말하는지 평가한다.

확장활동

1) 고래를 만들어 본 후 고래에 대해 이야기해 보며 고래를 표현해 보는 활동을 한다.
2) 고래가 등장하는 동화책을 읽어 본다.

인형 만들기

| 주재료: 종이컵 |

활동목표	4세 누리과정 관련 요소	창의 · 인성 관련 요소
• 종이컵을 이용하여 다양한 얼굴을 구성한다. • 종이컵을 활용하여 만들 수 있는 것들이 무엇인지 알아본다.	• 사회관계: 사회에 관심 갖기 – 세계와 여러 문화에 관심 갖기 • 예술경험: 예술적 표현하기 – 미술활동으로 표현하기	• 창의성 동기적 요소 – 몰입 • 인성: 존중 – 자신의 얼굴과 다양한 얼굴

활동자료

종이컵, 나무젓가락, 빨대, 칼, 테이프, 색종이

활동방법

1) 다양한 얼굴 모양을 알아본다. 사진과 그림을 보며 이야기를 나눈다.
   - “이 얼굴은 어떤 모양이니?”
   - “이 표정을 보면 어떠니?”
2) 종이컵으로 자신이 좋아하는 표정 모양을 만든다.
   - “어떠한 얼굴을 만들어 볼까?”
   - “너희들이 만들고 싶은 얼굴 모양은 뭐니?”
3) 자신이 만든 작품을 소개한다.

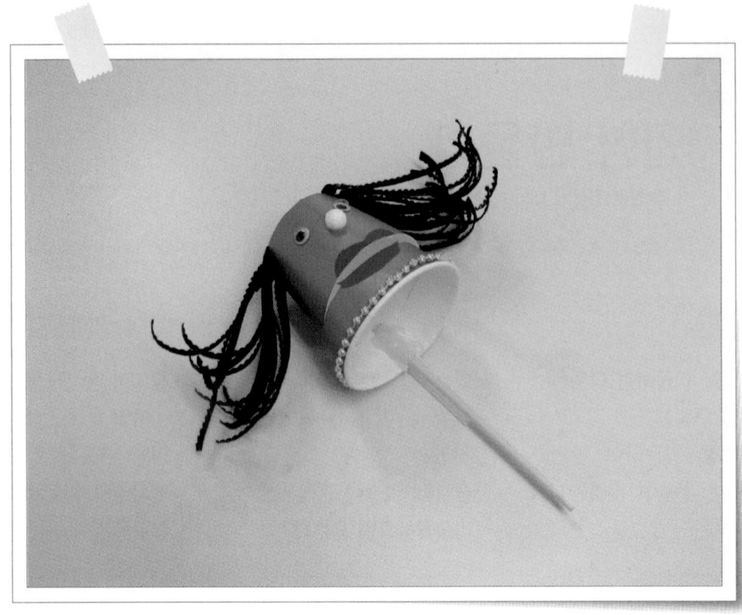

활동 시 유의점

다양한 사람들의 표정을 보여 준 후 종이컵으로 만들어 본다.

활동평가

얼굴 표정에 관심을 가지고 종이컵으로 표정을 잘 표현하는지 관찰하여 평가한다.

확장활동

1) 자신이 만든 인형으로 역할놀이를 할 수 있다.
2) 전시장을 만들어 친구들과 함께 감상하고 작품에 대해 이야기를 나눌 수 있다.

2-31 크리스마스카드를 만들어 보아요

| 주재료: 색종이 |

활동목표	4세 누리과정 관련 요소	창의 · 인성 관련 요소
• 크리스마스를 축하한다. • 색종이 접기로 크리스마스를 기념한다.	• 예술경험: 예술적 표현하기 – 미술활동으로 표현하기 • 자연 탐구: 과학적 탐구하기 – 자연현상 알아보기	• 창의성: 성향적 요소 – 개방성 • 인성: 협력 – 개인적 책임감

활동자료

'눈사람 색종이 접기' PPT, 색종이, 목공 풀, 딱풀, 꾸미기용 재료(공작용 솜뭉치)

활동방법

1) 색종이를 접어서 눈사람을 만든다.
- "색종이를 준비해요."
- "네모 접기를 두 번해요."
- "방석 접기를 해요."
- "한 번 더 방석 접기를 하고 난 뒤 펼쳐요."
- "표시한 선으로 작은 방석 접기를 해서 뒤집으면 완성!"
- "얼굴과 몸을 똑같이 만들면 돼요."

  (얼굴과 몸 사이즈는 색종이의 1/4로 한다.)

2) 모자 접는 법
- "네모를 한 번 접어요."
- "펼쳐서 한쪽만 긴 네모로 접어요."

- “뒤집은 후 올려 접어요.”
- “대문 접기를 해요.”
- “엄지손가락을 이용해서 삼각 접기를 해요.”
- “윗부분에 작은 삼각 접기를 한 뒤에 뒤집어 주면 완성!”

3) 나뭇가지 접는 방법

- “색종이로 눈사람 몸에 맞도록 대문 접기를 한 후 긴 네모 접기를 해요.”

4) 벙어리장갑 만드는 방법

- “대문 접기를 한 뒤 펼쳐서 한쪽만 긴 네모 접기를 한 후 뒤집어서 대문 접기를 해요.”
- “윗부분에 작게 삼각 접기를 하고, 엄지손가락으로 대문 접기를 한 후 작게 삼각 접기만 하면 돼요.”

5) 크리스마스를 축하하는 마음을 표현하는 방법에 대하여 이야기를 나눈다.

- “크리스마스를 위한 축하하는 마음을 어떻게 표현할 수 있을까?”
- “어떤 선물을 누구에게 주고 싶니?”

- "무엇을 만들어 주고 싶니?"

6) 눈사람을 접는 방법에 대해 알아본다.
   - "무엇으로 만들까?"
   - "어떻게 만들까?"

7) 크리스마스를 꾸밀 재료를 알아본다.
   - "접은 눈사람을 더욱 예쁘게 꾸미려면 어떻게 하면 좋을까?"

8) 필요한 재료를 가지고 눈사람을 꾸민다.
9) 꾸민 크리스마스카드를 소개한다.

활동 시 유의점

1) 여러 가지 재료를 제공하여 다양하게 꾸며 보도록 한다.
2) 색종이 접기를 어려워하는 유아에게는 교사가 도움을 준다.

활동평가

1) 크리스마스를 축하하는지 언어적 상호작용을 통해 평가한다.
2) 색종이 접기로 크리스마스카드를 꾸미는지 활동과정을 통해 평가한다.

확장활동

1) 주변의 감사한 분들에게 축하해 드릴 때, 유아들이 만든 작품에 편지를 쓰도록 해서 마음을 전달할 수 있다.
2) 친구들이 만든 작품을 한군데 모아 놓고 전시장을 꾸밀 수 있다.

기차를 만들어 보아요

| 주재료: 과자 |

활동목표	4세 누리과정 관련 요소	창의 · 인성 관련 요소
• 과자를 이용하여 다양한 교통기관을 만든다. • 교통기관을 운전하는 사람에 대해 관심을 갖는다.	• 사회관계: 사회에 관심 갖기 - 지역사회에 관심 갖고 이해하기 • 예술경험: 예술적 표현하기 - 미술활동으로 표현하기	• 창의성: 인지적 요소 - 사고의 확장

활동자료

과자, 생크림, 식빵, 물엿, 육상 교통기관이 그려진 종이를 코팅한 자료

활동방법

1) 교통기관에 대해 탐색한다.
   - "(교통기관이 그려진 종이를 보여 주며) 이게 무엇이니?"
   - "어떻게 움직이니?"
   - "어디서 본 적이 있니?"
2) 자기가 만들 것에 대해 이야기해 본다.
   - "너는 무엇을 만들고 싶니?"
   - "어떻게 만들고 싶니?"
3) 식빵을 잘라서 자기가 만들고 싶은 교통기관의 모양을 만든다.
   - "○○이는 기차를 만들고 있구나."
4) 식빵으로 만든 교통기관 모양을 과자로 꾸며본다.
   - "과자로 조금만 더 꾸미면 어떨까?"

활동 시 유의점

1) 칼을 사용할 때 조심해서 사용할 수 있게 한다.
2) 주변 정리를 잘해서 더러워지지 않게 조심한다.

활동평가

1) 유아들이 자유롭게 교통기관을 만들었는지 평가한다.
   (유아들이 자신의 생각대로 자유롭게 만들었는가?)
   (유아들은 준비된 재료로 충분히 탐색하고 즐거워했는가?)
2) 유아들이 교통기관을 운전하는 사람에 관심을 갖는지 평가한다.
   (유아들이 일하는 교통기관을 운전하는 사람을 잘 알고 있는가?)

확장활동

1) 다른 교통기관에 대해 이야기를 나눌 수 있다.
2) 교통안전에 대해 이야기를 나눌 수 있다.

2-33 눈 오는 겨울 밤하늘 만들기

| 주재료: 공작용 솜뭉치와 스팽글 |

활동목표	4세 누리과정 관련 요소	창의 · 인성 관련 요소
• 겨울눈이 오는 밤하늘을 관찰하고 자신이 준비한 재료로 밤하늘을 표현한다.	• 사회관계: 자신이 바라본 밤하늘을 관심 갖고 이해하기 • 예술경험: 아름다운 밤하늘을 바라본다. – 미술적 요소 탐색하기 • 예술경험: 예쁜 눈 내리는 밤하늘을 표현하기 – 미술활동으로 표현하기	• 창의성: 인지적 요소 – 탐색하기 • 인성 – 서로 다른 밤하늘을 이해한다.

활동자료

검은 종이, 각종 스팽글, 공작용 솜뭉치, 풀, 칼이나 가위

활동방법

눈 오는 밤하늘 사진을 보며 이야기를 나눈다.

- "이 사진은 눈이 오는 날 찍은 거란다. 사진 속에 무엇이 보이니?"
- "이 사진을 보니 어떤 느낌이 드니?"

  (재료를 탐색한다.)

  (만들기를 할 때의 주의점을 설명한다.)
- "이제 만들기를 해 볼까?"

  (만들기를 한 후 느낌을 나눈다.)

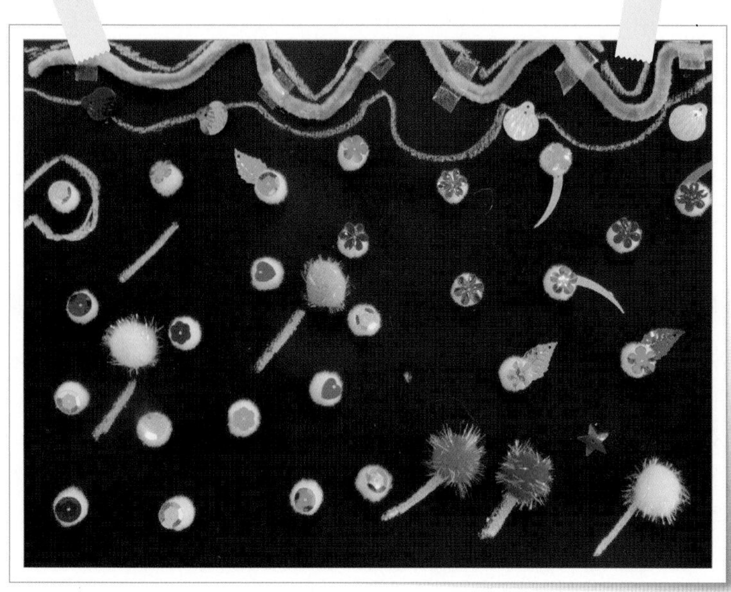

활동 시 유의점

1) 풀이 옷이나 손에 묻지 않도록 주의한다.

2) 칼이나 가위를 사용할 때는 장난을 하지 않는다.

활동평가

1) 눈 오는 밤 풍경에 관심을 갖는가?

2) 눈 오는 밤 풍경의 느낌을 말로 표현할 수 있는가?

3) 다양한 재료로 눈 오는 밤을 잘 표현하였는가?

3) 눈 오는 밤을 즐겁게 표현했는가?

확장활동

1) 유아들의 작품을 모아 배경을 하고 인형극을 해 본다.

2) 각기 다른 밤하늘을 모아 하나의 밤하늘을 만든다.

3) 크레파스만 이용해 밤하늘을 표현한다.

2-34 우리 유치원을 설계해 보아요

| 주재료: 낙엽 |

활동 목표	4세 누리과정 관련 요소	창의 · 인성 관련 요소
• 우리 유치원을 독창적으로 구성해 본다. • 서로 생각을 나누고 공통적인 의견을 수립하여 활동해 본다.	• 사회관계: 다른 사람과 더불어 생활하기 – 친구와 사이좋게 지내기 • 예술경험: 예술적 표현하기 – 미술활동으로 표현하기	• 창의성: 동기적 요소 – 몰입 • 인성: 협력 – 집단 협력

활동자료

상상 속 유치원 모습 그림, 도화지, 박스, 나뭇잎, 가위, 풀, 나뭇가지, 색종이 등

활동방법

1) 우리 유치원을 생각하며 이야기를 나눈다.
- "우리만의 유치원을 생각해 보자. 어떤 모습들이 있니?"
- "우리만의 유치원에 꼭 있었으면 좋겠다고 생각하는 것은 무엇이니?"
- "지금 우리가 다니는 유치원의 모습 중에서 바꾸고 싶은 것은 무엇이니?"

2) 재미있는 상상 속 유치원 그림을 살펴본다.
- "유치원 모습이 어떠니?"
- "재미있는 점은 무엇이니?"
- "정말로 유치원이 이 그림처럼 된다면 어떨까?"
- "너희들이 유치원을 새롭게 만든다면 어떤 유치원을 만들고 싶니?"

3) 우리 유치원을 설계해 본다.
- "너희들이 생각하는 유치원을 그림으로 표현해 보자. 유치원 건물 모양은 어떤 모양이면 좋을지, 새롭게 재미있게 느껴질 만한 것은 무엇인지를 생각하면서."

4) 설계도에 따라 우리 유치원을 공동작품으로 구성해 본다.
- "친구가 그린 설계도 그림을 보면서 미래의 유치원을 만들어 보자. 어떤 재료가 준비되어 있니?"
- "각 재료들은 어떻게 사용하면 좋을까?"
- "각자 맡은 역할을 정해서 우리 유치원을 만들어 보자.

5) 작품을 감상해 본다.
- "우리 유치원을 만들어 본 느낌이 어떠니?"
- "우리 유치원을 다른 사람에게 소개한다면 어떻게 소개하고 싶니?"

활동 시 유의점

1) 며칠 동안 유아들과 함께 수정하고 보완해 가면서 구성하도록 한다.
2) 구성과정에서 유아들이 공간의 특성을 이해하고 크기와 모양, 색깔, 위치 등을 고려하면서 적절히 구성하도록 한다. 현실적이지는 않을지라도 상상과 재미있는 요소를 표현할 수 있도록 격려한다.

활동평가

1) 여러 가지 미술재료를 활용하여 자신의 생각을 적절히 표현하는지 평가한다.
2) 서로의 의견을 잘 조합하여 협력적으로 작품을 구성했는지 평가한다.

확장활동

1) 구성한 우리 유치원을 소개하는 포스터나 광고를 만들어 본다.
2) 유아가 입체로 구성한 우리 유치원을 여러 각도에서 촬영한 후, 감상활동을 하거나 사진을 보고 그림을 떠올려 본다.

2-35 부엉이를 만들어요

| 주재료: 우유팩 |

활동목표	4세 누리과정 관련 요소	창의 · 인성 관련 요소
• 부엉이의 모습을 다양한 재료를 활용해 표현한다. • 내가 만든 작품을 친구들 앞에서 소개한다.	• 예술경험: 예술적 표현하기 – 미술활동으로 표현하기 • 자연탐구: 탐구하는 태도 기르기 – 호기심을 갖고 확장하기	• 창의성: 동기적 요소 – 호기심 • 인성: 존중 – 생명과 환경에 대한 존중

활동자료

우유팩, 색종이, 가위, 풀, 양면테이프

활동방법

1) 부엉이의 사진을 보며 이야기를 나눈다.
   - "부엉이를 본 적 있니?"
   - "보았다면 어디에서 보았니?"
   - "(사진을 보며) 부엉이의 종류는 참 다양하단다."
   - "부엉이는 언제 활동을 할까?"
2) 부엉이의 특징에 대해 이야기해 본다.
   - "부엉이의 모습이 어떠하니?"
   - "색은 어떠니?"
   - "크기는 어떠니?"
   - "부엉이는 무엇을 먹을까?"
   - "부엉이는 어디에서 살까?"
3) 만들기 활동의 재료를 소개한다.

- “우유팩으로는 부엉이의 어떤 모습을 만들 수 있을까?”
- “부엉이의 모습을 색종이로 어떻게 표현하면 좋을까?”

4) 생각하는 부엉이의 모습을 색종이와 우유팩으로 표현해 본다.
- “색종이로 어떠한 색깔을 가진 부엉이를 만들어 볼 수 있을까?”
- “우유팩과 색종이로 자기가 생각하는 부엉이를 만들 수 있겠니?”

5) 자신이 만든 작품을 친구들 앞에서 소개하는 시간을 갖는다.
- “자기가 만든 부엉이의 모습을 친구들에게 소개해 볼 수 있겠니?”
- “부엉이에게 이름을 지어 준다면 어떤 이름이 좋을까?”

활동 시 유의점

1) 사전활동으로 다양한 부엉이에 대한 자료를 제공한다.
2) 양면테이프를 사용할 때 도움을 준다.

활동평가

1) 부엉이의 모습을 우유팩과 색종이를 사용해 표현하는지 평가한다.
2) 자신의 생각을 다른 사람에게 적절히 표현하는지 평가한다.

 확장활동

1) 부엉이의 모습을 신체로 표현해 본다.
2) 동화 『북북북 부엉이 오남매』(저자: 김종상, 출판: 삼성당, 2010)을 감상 한다.

2-36

내가 좋아하는 곤충 만들기

| 주재료: 우드락 볼과 공작용 솜뭉치 |

활동목표	4세 누리과정 관련 요소	창의 · 인성 관련 요소
• 다양한 곤충을 관찰하고 관심을 갖는다. • 작품에 대한 생각과 느낌을 언어로 표현한다.	• 의사소통: 말하기 – 자신의 느낌, 생각, 경험에 대해 말하기 • 예술경험: 예술적 표현하기 – 미술활동으로 표현하기	• 창의성: 인지적 요소 – 사고의 확장

활동자료

우드락 볼, 물감, 붓, 검은 공작용 솜뭉치, 눈알 스티커

활동방법

1) 곤충의 사진을 보며 이야기를 나눈다.
   - "이 곤충의 이름을 알고 있니?"
   - "이 곤충들 중에서 가장 좋아하는 곤충은 무엇이니?"
   - "이 곤충들의 생김새는 어떠니?"
2) 사진들 중 곤충을 골라서 만들기를 한다.
   - "오늘은 친구들이 좋아하는 무당벌레를 만들어 보자."
   - "아까 사진에서 본 무당벌레는 어떤 색깔들을 가지고 있었지?"
3) 유아들이 만든 무당벌레를 보며 이야기를 나눈다.
   - "우리 친구들이 만든 무당벌레를 소개해 보자."
   - "○○친구는 왜 무당벌레를 이렇게 만들었는지 친구들한테 소개해 볼까?"

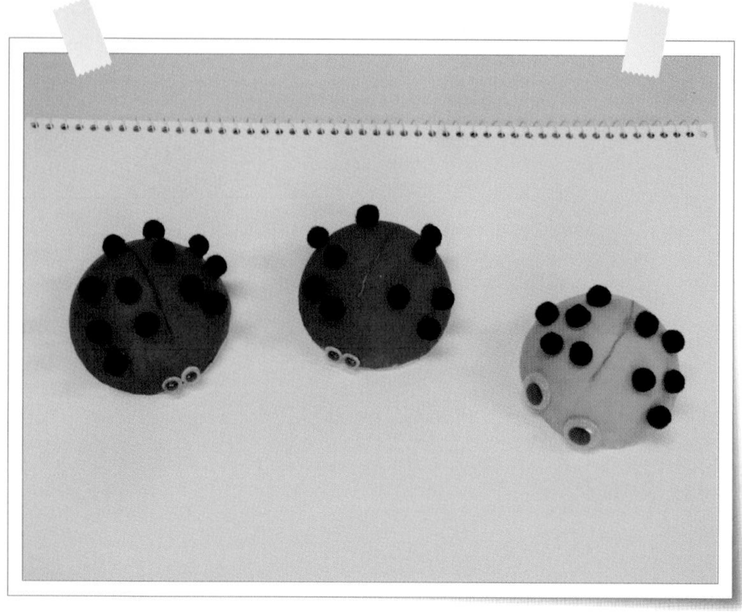

활동 시 유의점

유아들이 고른 곤충들에 대해 충분히 이야기한다.

활동평가

1) 다양한 곤충을 활용하여 만드는지 작품분석을 통해 평가한다.
2) 작품에 대한 생각과 느낌을 언어적 상호작용을 통해 평가한다.

확장활동

1) 곤충의 이름에 대해서 이야기를 해 본다.
2) 야외활동을 통해 곤충을 직접 관찰해 본다.

3 5세 누리과정

3-1. 악어를 만들어요
3-2. 명화 그리기
3-3. 우리 동네 그리기
3-4. 동물을 만들어요
3-5. 집을 지어요
3-6. 재미있는 찍기 놀이
3-7. 내가 본 나무
3-8. 벌레를 만들어요
3-9. 하늘을 나는 잠자리
3-10. 눈이 내린 겨울나무
3-11. 나만의 악기
3-12. 가을풍경 그리기
3-13. 입으로 불어 크리스마스트리 만들기
3-14. 겨울풍경 감상하고 만들기
3-15. 나만의 크리스마스트리 만들기
3-16. 나만의 행성 만들기
3-17. 인형 만들기
3-18. 우리 가족 만들기
3-19. 내가 키우고 싶은 새 만들기
3-20. 나만의 크리스마스
3-21. 크리스마스트리 만들기
3-22. 우리 동네 만들기
3-23. 가족 실내화를 만들어요

3-1

악어를 만들어요

| 주재료: 달걀판 |

활동목표	5세 누리과정 관련 요소	창의 · 인성 관련 요소
• 악어의 형태에 관심을 갖는다. • 다양한 재료를 이용하여 악어를 표현한다.	• 예술경험: 예술 감상하기 – 다양한 예술작품 감상하기 • 예술경험: 예술적 표현하기 – 미술활동으로 표현하기	• 창의성: 인지적 요소 – 사고의 확장 • 창의성: 동기적 요소 – 호기심, 흥미

 활동자료

다양한 악어의 사진 및 그림, 달걀판 2개, 마분지, 링 모양의 고리 2개, 물감, 붓, 팔레트, 물통, 가위, 목공용 풀

활동방법

1) 다양한 악어의 사진을 보며 이야기를 나눈다.
- "악어를 본 적이 있니?"
- "보았다면 어디서 보았니?"
- "(다양한 사진을 보며) 악어의 모습은 어떠니?"

  (머리, 몸통, 다리, 꼬리의 모습에 대하여 구체적으로 이야기를 나눈다.)

2) 악어의 모습을 상상해 본다.
- "너희들이 생각하는 악어는 어떤 모습이니?"
- "악어의 색깔은 어떤 색이니?"
- "악어의 크기는 어떨까?"
- "악어의 입은 어떻게 생겼니?"
- "악어의 등은 어떻게 생겼니?"

- “악어의 다리는 어떻게 생겼니?”

3) 만들기 활동의 재료를 소개한다.

- “달걀판으로 악어의 어떤 모습을 만들 수 있을까?”
- “마분지로 악어의 다리와 꼬리를 만들어 볼까?”

4) 달걀판으로 악어의 모습을 표현해 본다.

- “달걀판으로 자기가 생각하는 악어를 만들어 볼 수 있겠니?”
- “악어의 머리와 몸은 어떻게 만들면 좋을까?”

5) 내가 만든 작품을 친구들 앞에서 소개하는 시간을 갖는다.

- “내가 만든 악어의 모습을 친구들에게 소개해 볼 수 있겠니?”
- “악어에게 이름을 지어 준다면 어떤 이름이 좋을까?”

활동 시 유의점

1) 사전활동으로 다양한 동물에 대한 자료를 제공한다.
2) 완전히 마른 후 조립을 한다.

활동평가

1) 악어의 형태와 특징을 이해하는지 평가한다.
2) 악어를 만드는 데 흥미를 느끼는지 평가한다.

확장활동

1) 악어의 형태와 특징을 이해하는지 평가한다.
2) 자신이 상상한 악어의 형태를 잘 표현하는지 평가한다.

3-2 명화 그리기

| 주재료: 면봉 |

활동목표	5세 누리과정 관련 요소	창의 · 인성 관련 요소
• 고흐의 명화에 대해 관심을 가진다. • 다른 나라 화가의 미술작품을 보며 심미감을 느끼고 화가의 독특한 화풍을 느낀다. • 면봉의 특성을 이해하여 다양한 색상으로 창의적으로 표현한다.	• 예술경험: 예술 감상하기 – 다양한 예술작품 감상하기 • 예술경험: 예술적 표현하기 – 미술활동으로 표현하기	• 창의성: 성향적 요소 – 독립성 • 인성 – 생명과 환경에 대한 존중

활동자료

풍경과 관련된 명화 사진(고흐의 작품), 면봉, 물감, 물통, 팔레트

활동방법

1) 고흐의 명화를 감상한다.
   - "무엇을 그린 그림일까?"
   - "명화 속 장면들은 무엇을 표현한 것 같니?"
   - "머릿속으로 상상되는 것이 어떤 것이니?"
2) 도화지에 배경을 그리고 나서 색을 정한다.
3) 색에 맞게 면봉으로 찍는다.
4) 완성한 작품을 소개하고 친구들과 감상한다.

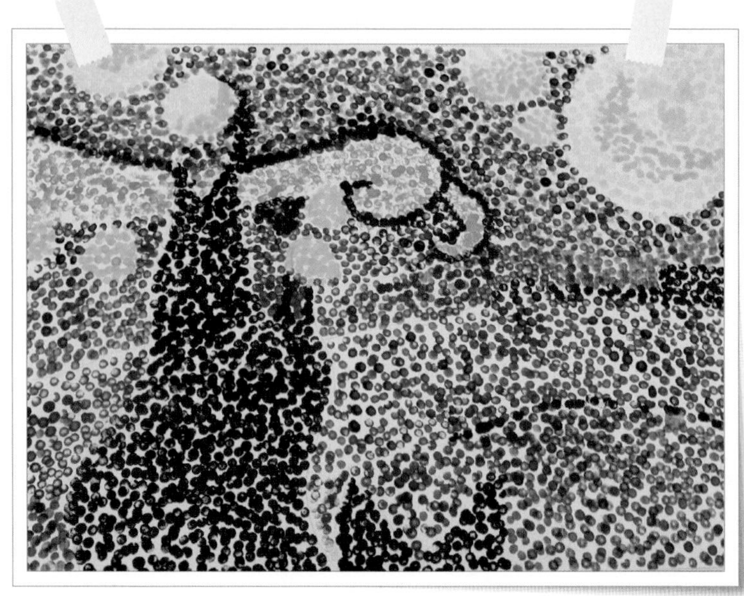

활동 시 유의점

1) 풍경을 그린 명화들을 미술영역에 게시하여 유아들이 일과 속에서 다양한 풍경을 표현한 그림을 감상할 수 있도록 한다.
2) 풍경 그림 그리기를 통해 유아들이 서로 다양하고 독창적인 생각과 표현을 인정해 주는 분위기를 조성한다.

활동평가

1) 풍경의 아름다움에 관심을 가지고 명화를 감상하는지 평가한다.
2) 풍경을 다양한 모습으로 그린 명화를 감상하며 자신의 생각을 다른 사람에게 적절히 표현하는지 평가한다.
3) 그리기 재료의 특성을 이해하며 풍경을 창의적으로 표현하는지 평가한다.

확장활동

1) 유아들이 그린 그림을 게시하여 '풍경 그림 전시회' 놀이를 하면서 친

구들이 그린 겨울의 다양한 모습을 감상해 보도록 격려한다.

2) 명화 감상 후 후속 이야기 꾸미기 활동으로 확장할 수 있다. 이때 감상한 명화를 첫 장에 복사해 주고 '나만의 풍경 이야기' 를 책으로 만들어 볼 수 있도록 꾸미기 활동을 한다.

3-3 우리 동네 그리기

| 주재료: 양초 |

활동목표	5세 누리과정 관련 요소	창의 · 인성 관련 요소	초등 교육과정 관련 요소
• 우리 동네를 아름답게 하는 다리에 관심을 갖는다. • 우리 동네의 모습을 다양한 방법으로 표현할 수 있음을 안다. • 동네 모습 그리기를 한다.	• 사회관계: 사회에 관심 갖기 – 지역사회에 관심을 가지고 이해하기 • 예술경험: 예술적 표현하기 – 미술활동으로 표현하기	• 창의성: 성향적 요소 – 독립성 • 인성: 협력 – 집단 협력 • 인성 – 생명과 환경에 대한 존중	• 통합 1~2학년군: 이웃 – 이웃을 만나요 – 이웃사촌 – 정다운 이웃 – 우리는 이웃 – 함께 사는 이웃 – 가게를 구경해요 – 장보기 놀이 – 가게 놀이를 해요

 활동자료

우리 동네 전경 사진 및 동영상 자료, 8절지, 흰색 크레파스, 검은색 물감, 붓, 반짝이 가루

활동방법

1) 우리 동네 사진을 보며 이야기를 나눈다.
   - "여기가 어디인 것 같니?"
   - "우리 동네 모습이 어떤 것 같니?"
2) 우리 동네가 찍힌 동영상을 보며 ○○대교에 가 본 경험을 이야기한다.
   - "○○대교에 가 본 적 있니?"
   - "○○대교를 보면서 어떤 생각을 했니?"
3) ○○대교를 어떻게 그릴 수 있을지 이야기를 나눈다.
   - "○○대교를 어떻게 그릴 수 있을까?"

- "○○대교는 어떻게 생긴 것 같니?"
- "선생님이 흰색 크레파스, 8절지를 나눠 줄 테니까 ○○대교를 자유롭게 그려 볼까?"
- "흰색 크레파스로 그린 8절지에 검은색 물감으로 칠해 볼 거야."
- "잘 보이지 않던 그림이 선명하게 보이니?"

활동 시 유의점

흰색 크레파스로 흰색 8절지에 그리게 되면 잘 안 보이므로 어떤 종이를 선택해야 할지를 가르쳐 주고 사진이나 동영상을 조금씩 보면서 그릴 수 있도록 도와준다.

활동평가

우리 동네의 모습에 관심을 갖고 다양한 방법으로 표현할 수 있음을 아는지 평가한다.

(우리 동네의 모습에 관심을 가지는가?)

(우리 동네의 모습을 다양한 방법으로 표현할 수 있음을 아는가?)

확장활동

1) '우리 동네의 아름다운 풍경을 보러 가요' 와 같은 견학을 통해 우리 동네의 모습에 그치지 않고 내가 살고 있는 주변 환경에 대해 알아본다.
2) 유아들의 작품을 교실이나 유치원 또는 어린이집 복도에 전시하여 미술관 놀이를 할 수 있다.

3-4 동물을 만들어요

| 주재료: 휴지 |

활동목표	5세 누리과정 관련 요소	창의 · 인성 관련 요소	초등 교육과정 관련 요소
• 동물에 대해 관심을 가진다. • 양의 특징에 대해 관심을 가진다. • 양의 모습을 창의적으로 표현한다.	• 의사소통: 듣기 – 이야기 듣고 이해하기 • 의사소통: 말하기 – 낱말과 문장으로 말하기 • 예술경험: 예술적 표현하기 – 미술활동으로 표현하기 • 자연탐구: 과학적 탐구하기 – 생명체와 자연환경 알아보기	• 창의성: 인지적 요소 – 사고의 확장	• 과학: 생물과 환경 – 생태계 보전의 필요성과 생태계 보전을 위한 인간의 노력을 안다.

활동자료

동물 사진, 스케치북, 풀, 휴지, 사인펜, 공작용 완구 눈알, 물감

활동방법

1) 다양한 동물의 사진을 보고 이야기를 나눈다.
   - "양을 본 적이 있니?"
   - "양을 어디서 보았니?"
   - "(사진을 보며) 이 양의 모습은 어떠니?"

2) 양의 모습을 상상해 본다.

- "양은 어떻게 생겼니?"
- "양은 무슨 색일까?"
- "양의 크기는 어떨까?"
- "양의 털은 어떤 모양이니?"

3) 만들기 활동 재료를 소개한다.
- "휴지로 양의 모습을 어떻게 표현할 수 있을까?"
- "휴지로 양의 어떤 부분을 만들 수 있을까?"

4) 유아가 상상하는 양의 모습을 휴지를 이용하여 표현해 본다.
- "휴지로 내가 상상하는 양의 모습을 만들어 볼 수 있겠니?"
- "이 양에게만 있는 특징이 있니?"
- "양에게 이름을 지어 준다면 어떤 이름이 좋을까?"

활동 시 유의점

1) 사전활동으로 다양한 상상의 동물에 대한 자료를 제공한다.
2) 유아들이 자유롭게 상상하고 표현할 수 있도록 돕는다.
3) 풀로 휴지를 붙일 때 손에 묻지 않도록 조심한다.

활동평가

1) 양의 모습을 아는지 언어적 상호작용을 통해 평가한다.
2) 양의 형태를 창의적으로 표현하였는지 평가한다.

확장활동

1) 양의 소리를 흉내 낸다.
2) 실외 놀이터에서 모래를 이용하여 양의 울타리를 만든다.
3) 『늑대와 양치기 소년』 동화책을 읽어 본다.

3-5 집을 지어요

| 주재료: 과자 |

활동목표	5세 누리과정 관련 요소	창의 · 인성 관련 요소	초등 교육과정 관련 요소
• 우리 가족이 사는 집의 구조에 관심을 갖는다. • 다양한 재료를 활용해 우리 집을 짓는다.	• 예술경험: 예술적 표현하기 – 미술활동으로 표현하기 • 자연탐구: 수학적 탐구하기 – 공간과 도형의 기초개념 형성하기	• 창의성: 인지적 요소 – 문제해결력 • 인성: 협력 – 긍정적인 상호의 존성	• 통합 1~2학년군: 가족 – 우리 집 이야기 – 우리 집을 살펴봐요 – 우리 집을 지읍시다 – 집을 꾸며요 – 집을 만들어요

활동자료

사진(우리 동네 사진과 여러 모양의 집 모습), 과자 집 재료(식빵, 잼, 여러 가지 모양의 과자, 캔디 등), 접시, 유아용 칼(빵칼)

활동방법

1) 집의 구조 사진을 보며 우리 집 구조를 소개한다.
- "여기가 어디인 것 같니?"
- "이곳에서는 누가 살고 있을까?"
- "이 집은 어떤 모양이니?"
- "이런 것들을 무엇이라고 할까?"
- "이 집에는 어떤 것들이 있니?"

2) 우리 주위에서 볼 수 있는 집 모양에 대해 이야기를 나눈다.
- "우리가 살고 있는 집을 떠올려 보자."
- "어떻게 생겼니?"

- "우리가 살 수 있는 집에는 어떤 것이 있을까?"

3) 모둠을 나누어 함께 살 수 있는 집을 과자를 이용해 만든다.
- "우리가 다 함께 살 수 있는 집을 과자로 함께 만들어 보자."
- "만들기 전에 우리가 먼저 약속해야 할 것들이 무엇이 있을까?"
- "과자를 붙이기 위해서 무엇을 이용할 수 있을까?"
- "지붕은 어떤 것으로 표현할 수 있을까? 만들어 보자."

4) 과자 집을 만들어 본 느낌을 이야기해 본다.
- "과자로 집을 만들어 보니 어떠니?"
- "친구들이 만든 집은 어떠니?"

활동 시 유의점

1) 집 모습을 탐구할 때 집의 필요성과 집의 구조에 대해 알 수 있도록 한다.
2) 활동이 끝나면 남은 과자는 나누어 먹는다.

활동평가

1) 우리 동네와 집 모습에 관심을 갖고 다양한 방법으로 표현할 수 있는

지 평가한다.

(우리 동네의 모습에 관심을 가지는가?)

(우리 동네와 겉모습을 다양한 방법으로 표현하는가?)

2) 협동적인 미술활동에 참여하여 즐길 수 있는지 평가한다.

(적극적인 자세로 미술활동에 참여하는가?)

(협동적인 미술활동에 참여하는가?)

확장활동

1) '내가 건축가' 역할놀이로 확장하여 집을 만들고 소개하는 놀이를 해 볼 수 있다.

2) 『아기돼지 삼형제』 동화를 읽고 집의 재료에 대해 생각해 보는 확장활동을 해 본다.

재미있는 찍기 놀이

| 주재료: 야채 |

활동목표	5세 누리과정 관련 요소	창의 · 인성 관련 요소	초등 교육과정 관련 요소
• 모양을 낼 수 있는 야채에 관심을 가진다. • 찍기를 하는 과정에서 일어나는 모양을 탐색한다.	• 예술경험: 예술적 표현하기 – 미술활동으로 표현하기	• 창의성: 인지적 요소 – 사고의 확장 • 인성: 존중 – 생명과 환경에 대한 존중	• 슬기로운 생활: 여름 – 여름철에 볼 수 있는 곤충이나 채소 및 과일, 식물 등을 조사해 본다.

활동자료

브로콜리, 양파, 피망, 양송이버섯, 감자, 고추, 연근, 물감, 스케치북

활동방법

1) 여러 가지 야채를 보면서 이야기를 나눈다.
   - "이 야채는 무엇일까?"
   - "이 야채들로 무엇을 할 수 있을까?"
2) 야채를 잘라 나오는 단면을 관찰한다.
   - "이 야채를 자르니 어떤 모양일까?"
   - "야채 단면에 물감을 묻히면 어떤 모양이 나올까?"
3) 야채 단면에 물감을 묻혀 스케치북에 찍어 본다.

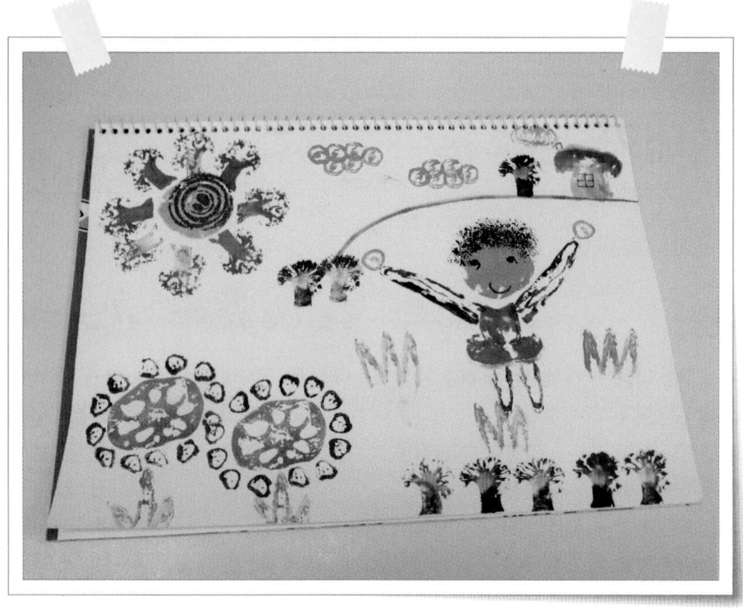

활동 시 유의점

1) 물감이 유아의 옷에 묻지 않도록 앞치마를 입게 한다.
2) 야채의 단면을 미리 교사가 잘라 두어야 한다.

활동평가

1) 찍기를 할 수 있는 야채에 관심을 가지는지 평가한다.
2) 찍기 과정에서 일어나는 야채 모양에 관심을 가지고 탐색하는지 평가한다.

(야채 찍기 놀이를 하기 전 다양한 반응을 생각해 보는가?)

(야채 찍기 놀이를 하면서 야채 모양에 관심을 가지는가?)

(야채 찍기 놀이를 하고 난 후 찍기를 하는 다양한 방법에 관심을 가지는가?)

확장활동

'야채' 를 주제로 동시를 지어 본다. 과일 찍기 놀이를 해 본다.

내가 본 나무

| 주재료: 물감 |

활동목표	5세 누리과정 관련 요소	창의 · 인성 관련 요소	초등 교육과정 관련 요소
• 나무를 표현한 다양한 작품을 감상한다. • 나무를 표현한 선과 형태를 찾아보고 아름다움을 느낀다. • 생각과 느낌을 말로 표현한다. • 내가 상상한 나무를 그려 본다.	• 예술경험: 예술 감상하기 - 다양한 예술작품 감상하기 • 자연탐구: 과학적 탐구하기 - 생명체와 자연환경 알아보기	• 창의성: 인지적 요소 - 사고의 확장 • 창의성: 성향적 요소 - 개방성 • 인성: 존중 - 생명과 환경에 대한 존중	• 슬기로운 생활: 가을 - 가을 산과 들의 단풍 든 풍경 및 가을 열매의 모양과 특징을 관찰한다.

활동자료

8절지, 물감, 물통, 사인펜

활동방법

1) 내가 본 나무에 대해 이야기를 나눈다.
   - "우리가 본 나무는 어떤 모습이니?"
   - "어떤 방법으로 나무를 표현해 볼까?"
2) 물감을 이용하여 다양한 방법으로 나무를 꾸민다.
   - "물감을 이용하여 어떻게 꾸며 볼까?"
   - "물감을 묻혀 손가락으로 찍어 보는 게 어떨까?"
   - "물감을 묻혀 문지르기를 해 볼까?"
3) 다양한 색상으로 나뭇잎을 표현한다.

   (자유롭게 자신이 본 나무를 떠올리며 다양한 색을 이용하여 표현한다.)

4) 각자 만든 나무를 소개하고 감상하는 시간을 갖는다.

활동 시 유의점

유아가 다양하게 생각하고 독창적으로 표현할 수 있도록 격려한다.

활동평가

1) 활동을 하면서 재미있었던 점은 무엇일까?

2) 다른 친구의 작품 중 가장 재미있게 감상한 작품은 무엇이니?

확장활동

계절별로 생각나는 나무들을 그려 비교해 본다.

3-8

벌레를 만들어요

| 주재료: 지점토 |

활동목표	5세 누리과정 관련 요소	창의 · 인성 관련 요소	초등 교육과정 관련 요소
• 벌레에 대한 생각과 느낌을 말로 표현한다. • 벌레의 특성에 관심을 가진다.	• 자연탐구: 과학적 탐구하기 – 생명체에 대해 알아보기 • 예술경험: 예술적 표현하기 – 미술활동으로 표현하기	• 창의성: 동기적 요소 – 몰입 • 인성: 존중 – 다른 생명체에 대한 존중	• 수학: 규칙성 – 자신이 정한 규칙에 따라 물체, 무늬, 수 등을 배열할 수 있다.

활동자료

벌레의 사진(파리, 모기, 지네, 콩벌레, 곱등이, 날파리 등), 지점토, 여러 가지 만들기 재료

활동방법

1) 그림을 보며 벌레에 대해 이야기를 나눈다.
   - "이 그림에서 어떤 벌레를 볼 수 있니?"
   - "파리일까? 모기일까? 그럼 이 벌레는 무엇일까?"
   - "두 벌레는 어떤 점이 다를까? 같은 점은 무엇일까?"
2) 준비된 재료를 보며 이야기를 나눈다.
   - "여기에 어떤 것들이 있는지 살펴볼까?"
   - "이 재료는 어디에서 보았니?"
   - "이 재료의 이름은 무엇일까?"
   - "이 재료는 주로 어디에 쓰이니?"

- “이 재료들을 이용해서 무엇을 할 수 있을까?”

3) 어떤 벌레를 만들 것인가 결정한 후 재료를 선택하여 벌레 만들기를 한다.

(벌레의 형태를 생각하여 재료를 선택한 후 종이 위에 놓는다.)

(필요에 따라 재료를 잘라 사용한다.)

(곤충의 특징을 살려 꾸민다.)

(작품에 어울리는 제목을 짓는다.)

4) 완성된 작품을 감상하고 평가한다.

- “어떤 곤충을 만들었니?”
- “이 작품을 보면 어떤 생각이 드니?”
- “활동을 해 본 느낌이 어떠니?”
- “재료를 사용하는 데 어떤 어려움이 있었니?”

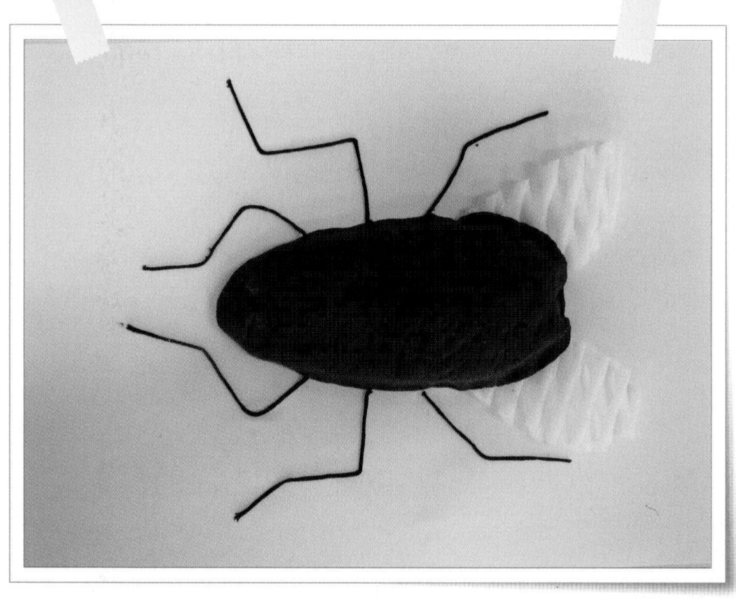

활동 시 유의점

벌레 사진은 인터넷 등을 이용하여 찾아서 수업에 활용할 수 있다.

 활동평가

1) 다양한 재료를 이용하여 벌레의 모습을 꾸몄는지 평가한다.

2) 자신이 만든 벌레의 모습을 다른 사람에게 소개할 수 있는지 평가한다.

 확장활동

그 밖의 다른 벌레들에 대해 알아본다.

3-9 하늘을 나는 잠자리

| 주재료: 나무젓가락 |

활동목표	5세 누리과정 관련 요소	창의 · 인성 관련 요소	초등 교육과정 관련 요소
• 가을 잠자리에 관심을 갖는다. • 다양한 잠자리의 종류를 경험한다.	• 예술경험: 예술적 표현하기 – 미술활동으로 표현하기 • 자연탐구: 과학적 탐구하기 – 생명체와 자연환경 알아보기	• 창의성: 동기적 요소 – 몰입 • 인성: 협력 – 개인적 책임감	• 통합 1~2학년군: 가을 – 잠자리 만들기 – 잠자리 잡기 놀이

활동자료

나무젓가락, 공작용 완구 눈알(작은 것), 스케치북, 색연필, 매직, 잠자리에 대한 사진과 PPT, 목공용 풀 및 글루건, 운동화 끈

활동방법

1) 가을 잠자리에 대해 이야기를 나눈다.
   - "(잠자리에 대한 다양한 사진을 보며) 이 곤충은 뭘까요?"
   - "잠자리의 종류에는 무엇이 있니?"
   - "노란허리잠자리, 말잠자리, 방울실잠자리 등등이 있단다."

2) 함께 잠자리를 만들어 본다.

   (나무젓가락에 색칠하고 날개를 만드는 것은 유아들이 해 본다.)

   (눈을 붙이는 것은 교사가 붙여서 준비해 준다.)

   (잠자리를 만든 후 가지고 놀아 본다.)

3) 활동을 마친 후 함께 평가를 해 본다.

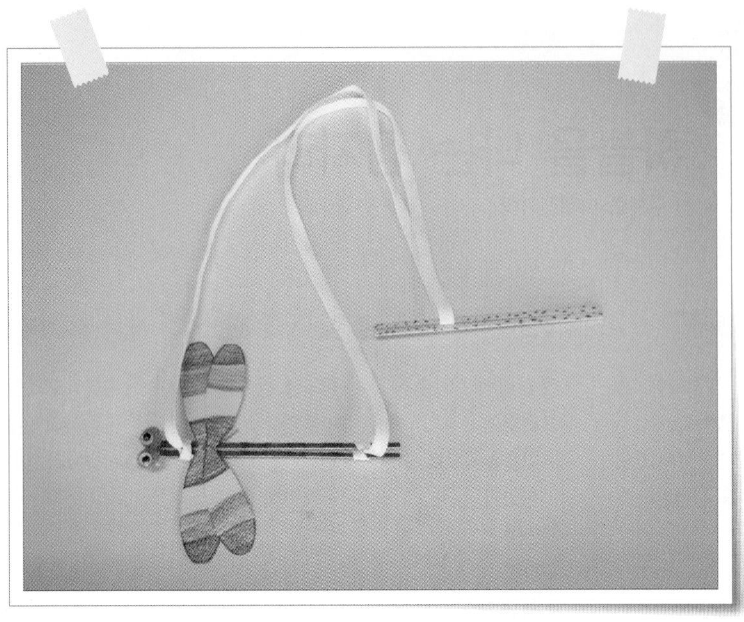

활동 시 유의점

목공용 풀과 글루건을 이용해야 되는 부분(나무젓가락에 눈 붙이기)은 교사가 도와준다.

활동평가

1) 가을 잠자리의 다양한 종류에 관심을 갖는지 평가한다.
2) 자신의 잠자리를 창의적으로 표현하였고 어떻게 가지고 놀았는지 평가한다.

확장활동

1) 가을 잠자리가 있는 곳으로 가서 관찰학습을 해 본다.
2) 잠자리 놀이(신체로 잠자리의 행동을 따라 해 보기)를 해 본다.

3-10

눈이 내린 겨울나무

| 주재료: 팝콘 |

활동목표	5세 누리과정 관련 요소	창의 · 인성 관련 요소	초등 교육과정 관련 요소
• 눈 내린 겨울나무를 생각해 본다. • 팝콘으로 눈을 자유롭게 표현한다.	• 예술경험: 예술적 표현하기 – 미술활동으로 표현하기 • 자연탐구: 과학적 탐구하기 – 생명체와 자연환경 알아보기	• 창의성: 인지적 요소 – 사고의 확장 • 창의성: 성향적 요소 – 개방성 • 인성: 존중 – 생명과 환경에 대한 존중	• 통합 1~2학년군: 겨울 – 숲 속의 겨울 – 겨울 나기 – 숲 속 나라의 겨울 꾸미기

활동자료

팝콘, 나뭇가지, 낙엽, 색연필, 목공용 풀

활동방법

1) 계절에 대하여 생각해 본다.
   - "지금은 무슨 계절이니?"
   - "겨울 풍경은 어떠니?"

2) 팝콘의 모양, 색을 살펴본다.
   - "팝콘의 색은 무엇이니?"
   - "팝콘의 색이 눈의 색과 비슷하니?"
   - "팝콘이 눈과 같은 모양이라고 생각되니?"

3) 친구와 함께 꾸미기를 한다.
   - "겨울나무를 색연필로 그려 볼까?"

     (낙엽으로 겨울나무를 표현한다.)

(나뭇가지로 겨울나무를 표현한다.)

(팝콘으로 나뭇가지 위에 내린 눈을 표현해 준다.)

4) 꾸미기 활동이 끝나면 정리정돈을 어떻게 하여야 하는지 이야기한다.

- "여러분이 꾸민 작품을 친구들과 함께 보려면 어떻게 할까?"

활동 시 유의점

1) 나뭇가지와 팝콘을 붙일 때 잘 안 붙지 않으므로 접착력이 강한 접착제를 준비하도록 한다.
2) 유아들의 작품을 사진으로 찍어 게시하고 친구들과 함께 감상하도록 환경을 구성한다.

활동평가

1) 팝콘을 이용한 꾸미기 활동에 즐겁게 참여하는지 평가한다.
2) 생각과 느낌을 자유롭게 표현하는지 평가한다.

 확장활동

1) 팝콘 눈이 내리는 겨울풍경 만들기를 한다.
2) 생활 속 주제인 '겨울' 과 연계하여 주변의 자연물을 함께 이용하여 꾸민다.

3-11

나만의 악기

| 주재료: 과자 상자 |

활동목표	5세 누리과정 관련 요소	창의 · 인성 관련 요소	초등 교육과정 관련 요소
•상상 속의 나만의 악기를 만든다. •여러 가지 재료를 활용하여 악기를 창의적으로 구성하는 능력을 기른다.	•예술경험: 예술적 표현하기 – 미술활동으로 표현하기 •자연탐구: 탐구하는 태도 기르기 – 탐구과정 즐기기	•창의성: 인지적 요소 – 사고의 수렴 •창의성: 인지적 요소 – 문제해결력 •창의성: 동기적 요소 – 호기심 · 흥미 •인성: 존중 – 다른 사람과 문화에 대한 존중	•통합 1~2학년군: 우리나라 – 애국가, 우리나라 노래 – 소중한 우리의 전통

활동자료

여러 가지 악기를 연주하는 사진, 다양한 악기 사진, 색지, 가위, 풀, 스티커, 예쁜 끈, 글루건, 다양한 크기의 과자 상자

활동방법

1) 사진 자료를 보며 이야기를 나눈다.
   - "사람들이 무엇을 하고 있니?"
   - "악기 연주는 왜 하는 것일까?"
   - "악기를 연주하면 어떤 마음이 들까?"
   - "어떤 악기의 소리가 가장 좋니?"
2) 만들기 재료를 탐색해 본 후 나만의 악기를 만든다.
   - "(긴 과자 상자를 보이며) 이 상자로는 어떤 악기를 만들 수 있을까?"
   - "어떻게 만들면 좋을까?"

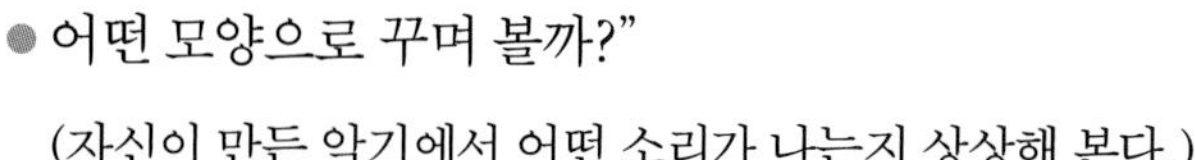

● 어떤 모양으로 꾸며 볼까?"

(자신이 만든 악기에서 어떤 소리가 나는지 상상해 본다.)

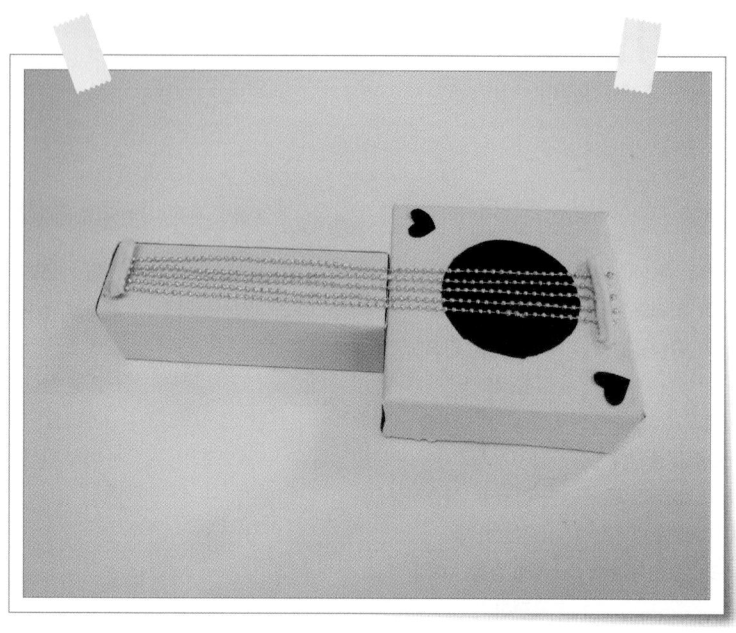

활동 시 유의점

글루건을 사용하여 상자끼리 붙일 때 교사가 도와준다.

활동평가

1) 소근육을 조절하여 악기를 만드는지 평가한다.
2) 유아가 제시된 여러 가지 재료를 사용하여 창의적으로 미술활동을 하였는지 평가한다.

확장활동

실제로 간단한 악기를 연주해 볼 수 있다.

3-12

가을풍경 그리기

| 주재료: 물감 |

활동목표	5세 누리과정 관련 요소	창의 · 인성 관련 요소	초등 교육과정 관련 요소
• 가을철의 특징(날씨, 놀이, 자연의 변화 등)에 관심을 가진다. • 가을 풍경의 아름다움을 느끼고 즐긴다. • 그리기 재료의 특성을 이해하여 창의적으로 표현한다.	• 신체운동, 건강: 신체 인식하기 – 신체를 인식하고 움직이기 • 예술경험: 예술 감상하기 – 다양한 예술작품 감상하기 • 예술경험: 예술적 표현하기 – 미술활동으로 표현하기 • 자연탐구: 탐구하는 태도 기르기 – 호기심을 유지하고 확장하기	• 창의성: 사고의 확장 – 이야기 상상하기	• 통합 1~2학년군: 가을 – 가을 날씨와 생활의 모습 – 가을 동산 – 추석날 – 나의 추석

활동자료

가을풍경 사진, 물감, 붓, 팔레트, 물통, 돋보기

활동방법

1) 각자 자기 손을 살펴본다.
   - "내 손에는 어떤 것들이 보이니?"
   - "돋보기를 이용해서 자세히 관찰해 볼까?"
2) 손가락을 살펴본다.

- "손에는 어떤 것들이 있니?"

3) 손가락으로 어떤 미술활동을 할 수 있는지 알아본다.
- "손가락을 활용하여 그림을 그려 볼 수 있겠니?"
- "어떻게 표현할 수 있을까?"

4) 가을풍경을 손가락으로 표현해 본다.
- "가을풍경을 보고 손가락으로 표현할 수 있겠니?"

5) 손가락으로 미술활동을 한다.
- "어떤 그림을 그릴 수 있니?"

6) 완성한 손가락 그림을 친구들에게 소개한다.
- "무엇을 표현한 것이니?"
- "손가락으로 그린 그림을 보니 어떤 느낌이 드니?"

활동 시 유의점

손가락 그림을 그릴 때 유아가 다양하게 표현할 수 있도록 충분한 시간을 제공해 준다.

 활동평가

1) 자신의 손가락에 관심을 가지는지 관찰을 통해 평가한다.
2) 지문을 활용하여 창의적으로 표현할 수 있는지 활동과정을 통해 평가한다.

 확장활동

1) 손바닥, 발바닥 찍기
2) 야채로 찍어 문양 만들기

3-13 입으로 불어 크리스마스트리 만들기

| 주재료: 물감 |

활동목표	5세 누리과정 관련 요소	창의 · 인성 관련 요소	초등 교육과정 관련 요소
• 겨울나무의 아름다움을 느끼고 즐긴다. • 빨대를 이용한 미술 활동에 적극적으로 참여한다. • 자신의 생각과 느낌을 창의적으로 표현한다.	• 예술경험: 아름다움 찾아보기 – 미술적 요소 탐색하기 • 자연탐구: 탐구하는 태도 기르기 – 호기심은 유지하고 확장하기	• 창의성: 사고의 확장 – 이야기 상상하기	• 통합 1~2학년군: 겨울 – 숲 속 나라의 겨울 꾸미기 – 숲 속 나라 친구들 – 동물의 겨울 나기

활동자료

8절 스케치북, 여러 가지 빨대(굵은 것, 얇은 것), 물감, 붓, 팔레트, 물통, 물티슈

활동방법

1) 크리스마스 하면 생각나는 것을 회상한다.
   - "크리스마스 하면 뭐가 떠오르니?"
   - "분위기가 어땠니?"
   - "크리스마스트리는 어떤 색이지? 크기는 어느 정도였니?"
2) 크리스마스트리의 모습을 직접 표현할 수 있는 방법에 대해 이야기한다.
   - "트리를 만들 수 있는 방법이 어떤 것이 있을까?"
   - "빨대를 사용하여 트리를 만들 수 있겠니?"
3) 트리를 만들기 위해 필요한 재료를 생각해 본다.
   - "빨대를 사용하여 어떻게 만들고 싶니?"

● "물감을 이용하여 어떤 방법으로 트리를 만들어 볼까?"

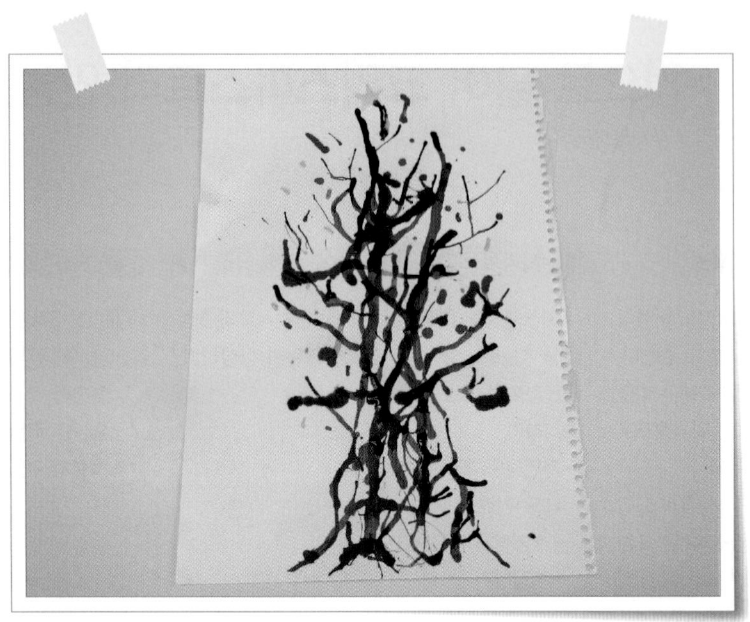

활동 시 유의점

어린 유아의 경우 물감을 들이마시지 않도록 주의시킨다.

활동평가

1) 물감 재료의 특성을 활용하여 색을 골고루 잘 사용하는지 관찰한다.
2) 미술활동을 하며 자유롭게 자신의 생각과 느낌을 표현하는지 관찰하며 평가한다.
3) 자신이 생각한 느낌을 자연물로 표현하는가?

확장활동

1) 유아들의 작품활동을 게시한 후 전시회를 열어 다른 반 유아를 초대해 함께 감상해 본다.
2) 주제에 따라 그에 맞는 적절한 재료로 준비하여 자유롭게 표현해 보도록 한다.

3-14 겨울풍경 감상하고 만들기

| 주재료: 스티로폼 |

활동목표	5세 누리과정 관련 요소	창의 · 인성 관련 요소	초등 교육과정 관련 요소
• 겨울철의 특징(날씨, 놀이, 자연의 변화 등)에 대해 관심을 가진다. • 겨울풍경의 아름다움을 느끼고 즐긴다. • 그리기 재료의 특성을 이해하여 창의적으로 표현한다.	• 의사소통: 말하기 – 느낌, 생각, 경험 말하기 • 예술경험: 예술적 표현하기 – 미술활동으로 표현하기 • 자연탐구: 탐구하는 태도 기르기 – 호기심을 유지하고 확장한다.	• 창의성: 사고의 확장 – 이야기 상상하기	• 통합 1~2학년군: 겨울 – 겨울 나기 – 숲 속 나라의 겨울 꾸미기 – 겨울 양식을 모아요 – 얼음땡 놀이

활동자료

스케치북, 물감, 붓, 물통, 스티로폼, 사인펜

활동방법

1) 교사는 유아들에게 겨울 풍경을 회상시킨다.
   - "자, 여러분 겨울하면 떠오르는 것이 뭐니?"
   - "오늘은 겨울풍경에 대한 활동을 할 거예요."
   - "자기가 생각했던 겨울풍경을 먼저 스케치해 보자."
2) 스티로폼으로 가루를 만든다.
   - "자기가 스케치한 그림에 스티로폼 가루를 뿌릴 거예요."
   - "조별로 나눠 준 스티로폼으로 가루를 만들어 보아요."

3) 스티로폼 가루에 물감을 묻힌다.
  - "자기가 스케치한 그림 색에 맞게 가루에 색칠해 보아요."
  - "만들 수 있을까?"

4) 풀을 바르고 스티로폼 가루를 붙인다.
  - "마지막으로 그림에 스티로폼을 붙여 보아요."

5) 유아들이 그린 그림을 서로 감상하며 자신의 생각과 느낌을 창의적으로 표현할 수 있도록 격려한다.

활동 시 유의점

1) 완성한 작품들을 미술영역에 게시하여 유아들이 일과 속에서 감상할 수 있도록 한다.
2) 겨울풍경 그림 그리기를 하며 유아들이 서로 다양하고 독창적인 생각과 표현을 인정해 주는 분위기를 조성한다.

활동평가

겨울풍경의 아름다움에 관심을 가지고 작품을 감상하는지 평가한다.

 확장활동

유아들이 그린 그림을 게시하여 '겨울풍경 그림 전시회' 놀이를 하고 친구들의 작품을 감상한다.

3-15 나만의 크리스마스트리 만들기

| 주재료: 솔방울 |

활동목표	5세 누리과정 관련 요소	창의 · 인성 관련 요소	초등 교육과정 관련 요소
• 크리스마스트리가 어떻게 생겼는지 상상해 본다. • 크리스마스트리를 창의적으로 만든다.	• 의사소통: 말하기 – 느낌, 생각, 경험 말하기 • 예술경험: 예술적 표현하기 – 미술활동으로 표현하기 • 자연탐구: 탐구하는 태도 기르기 – 호기심을 유지하고 확장한다.	• 창의성: 사고의 확장 – 이야기 상상하기	• 통합 1~2학년군: 겨울 – 겨울 나기 – 숲 속 나라의 겨울 꾸미기 – 겨울 양식을 모아요 – 얼음땡 놀이

활동자료

솔방울, 물감, 붓, 여러 가지 꾸미기 도구들

활동방법

1) 크리스마스에는 어떤 것들을 만드는지 대화를 나눈다.
   - "크리스마스에는 어떤 것들을 만들까요?"
   - "크리스마스트리는 어떻게 생겼을까?"
   - "크리스마스트리는 어떤 식으로 꾸미는 게 좋을까?"
2) 솔방울을 이용해 여러 가지 방법으로 크리스마스트리를 세운다.
   - "크리스마스트리를 한번 만들어 보자."
   - "솔방울로 트리를 어떻게 만들 수 있을까?" (솔방울에 여러 가지 색을

칠한다.)

3) 칠한 솔방울에 여러 가지 꾸미기 도구를 붙인다.
   - "자신이 칠한 솔방울에 여러 가지 꾸미기 도구를 붙여 볼까?"
4) 각자 만든 크리스마스트리를 소개하고 감상하는 시간을 갖는다.
   - "어떤 트리를 만들었니?"
   - "누구를 위해 만들었니?"
5) 활동을 평가한다.
   - "다른 친구의 작품 중 가장 재미있게 느낀 작품은 무엇이니?"

활동 시 유의점

1) 사전활동으로 크리스마스에 대해 이야기를 나눈다.
2) 유아가 다양하게 생각하고 독창적으로 표현할 수 있도록 격려한다.

활동평가

1) 크리스마스트리에 대해 관심을 가지는지 평가한다.
   (크리스마스트리에 대해 흥미를 가지고 상상하는가?)

2) 크리스마스트리를 창의적으로 만드는지 평가한다.

(크리스마스트리에 어울리는 꾸미기 도구들을 사용하는가?)

 확장활동

1) 다양한 나무들을 관찰하기 위해 식물원이나 수목원에 견학을 간다.

2) 자신이 만든 여러 나무들을 몸으로 표현하고 꾸민다.

3-16 나만의 행성 만들기

| 주재료: 색지와 색종이 |

활동목표	5세 누리과정 관련 요소	창의 · 인성 관련 요소
• 우주에 대해 관심을 갖는다. • 우주가 어떻게 생겼는지 상상한다. • 나만의 행성을 색지와 색종이로 표현한다.	• 의사소통: 말하기 – 느낌, 생각, 경험 말하기 • 예술경험: 예술적 표현하기 – 미술활동으로 표현하기 • 자연탐구: 탐구하는 태도 기르기 – 호기심을 유지하고 확장한다.	• 창의성: 사고의 확장 – 이야기 상상하기

활동자료

색지, 색종이, 초록색 4절지, 풀, 테이프, 가위, 색연필, 사인펜

활동방법

1) 초록색 4절지를 두 번 접어 부채꼴을 그리고 종이를 펼친 다음 원 밖에 집, 나무, 사람 등을 그린 후 자른다.
   - "선생님이 그려 준 부채꼴 밖에 나무, 꽃, 사람, 집을 그려 보자."
   - "오리기 쉽게 그리려면 어떻게 그려야 할까?"
2) 부채꼴로 접어서 오린 종이를 펼친 후, 나무나 집 등을 접어서 세운다.
   - "이 안을 어떻게 꾸밀 수 있을까?"
   - "내가 만든 행성 안에는 무엇이 살고 있을까?"
3) 펭귄, 배, 학, 나무, 꽃의 순서도를 보며 종이 접기를 한다.
   - "종이를 접어서 만들어 보자."
   - "어떤 색으로 접는 것이 좋을까?"
   - "선을 잘 맞추어서 접어 보자."

4) 풀과 테이프를 이용해 접은 종이를 행성 위에 붙인다.

- "펭귄은 어디서 살까?"
- "어떤 친구들끼리 함께 살게 하는 것이 좋을까?"

5) 나만의 행성을 표현하기 위해 색종이를 찢거나 붙이고, 색연필과 사인펜을 사용해 그림을 그린다.

- "어떤 친구들이 어디서 사는지 생각하면서 꾸며 보자."

활동 시 유의점

1) 가위질을 못하는 유아들이 다치지 않도록 유심히 지켜본다.

2) 더 접고 싶어 하는 것이 있으면 접을 수 있도록 도와준다.

활동평가

순서도를 보고 종이접기를 할 수 있는지 평가한다.

(순서도를 보고 접는가? 순서에 어려움은 없는가?)

확장활동

종이접기를 한 펭귄, 학, 배, 나무, 꽃 등을 몸으로 표현해 본다.

3-17 인형 만들기

| 주재료: 페트병 |

활동목표	5세 누리과정 관련 요소	창의 · 인성 관련 요소	초등 교육과정 관련 요소
• 페트병과 털실을 이용하여 인형을 만든다. • 재활용품에 대한 관심을 갖는다.	• 예술경험: 예술적 표현하기 - 미술활동으로 표현하기 • 사회공예: 지역사회에 관심 갖고 이해하기	• 창의성: 인지적 요소 - 사고의 확장 • 창의성: 동기적 요소 - 호기심, 흥미	• 통합 1~2학년군: 가족 - 우리 가족 이야기 - 가족과 함께 - 가족놀이

활동자료

1) '재활용품' 에 관련된 PPT
2) '재활용품' 을 이용해서 만들어진 자료
3) 컬러 종이끈, 페트병(캔), 색종이, 글로건, 공작용 완구 눈알, 골판지, 양면테이프, 공작용 솜뭉치

활동방법

1) 재활용품에 대해 이야기를 나눈다.
   - "재활용품은 어떤 게 있을까?"
2) 재활용품을 이용해 만든 작품을 보며 이야기한다.
   - "우리는 어떤 재활용품으로 작품을 만들 수 있을까?"
3) 친구들과 어떤 것을 만들지 결정하여 소개해 본다.
   - "친구들은 어떤 것을 만들까?"
4) 페트병 인형을 만들고 방법을 배워 본다.

(페트병을 털실로 감싸서 몸통의 모양을 만든다.)

(떨어지지 않게 양면테이프로 고정시키거나 매듭을 지어 놓는다.)

(몸통을 만든 후 신발 모양과 팔 모양 순으로 만든다.)

(양면테이프를 이용해 손발을 고정시킨다.)

(공작용 완구 눈알을 교사의 도움으로 붙인다.)

(색종이를 이용하여 치마 모양의 형태로 잘라 페트병 입구를 감싸 주고 연필을 이용하여 치마 끝을 만 후 머리 모양을 만들어 준다.)

(코 모양은 공작용 솜뭉치를 사용하여 붙여 준다.)

(모자 접는 방법을 배워서 자신이 마음에 드는 색깔로 페트병 입구 부분을 덮어 준다.)

5) 완성된 페트병 인형으로 친구들에게 소개해 준다.

활동 시 유의점

1) 손을 다칠 수 있으니 주의한다.
2) 글루건이 필요할 때는 교사의 도움을 받는다.
3) 털실, 색종이, 골판지가 떨어지지 않도록 꼼꼼히 붙인다.

활동평가

1) 재활용품을 활용하는 방법에 대해 이해하는지 평가해 본다.

2) 페트병과 컬러 종이끈을 이용해 형태를 잘 표현하는지 평가해 본다.

확장활동

1) 만든 인형으로 역할놀이 활동을 해 본다.

2) 재활용 가능한 다양한 재료의 특징에 대해 알아본다.

3-18 우리 가족 만들기

| 주재료: 지점토와 재활용 병 |

활동목표	5세 누리과정 관련 요소	창의 · 인성 관련 요소	초등 교육과정 관련 요소
• 가족의 모습에 관심을 갖는다. • 가족 사진을 보고 자기 가족의 모습을 다양하게 표현한다.	• 사회관계: 가족을 소중히 여기기 – 가족과 화목하게 지내기 • 예술경험: 예술적 표현하기 – 미술활동으로 표현하기	• 창의성: 인지적 요소 – 사고의 확장 • 창의성: 동기적 요소 – 몰입 • 인성: 효 – 부모에 대한 효	• 통합 1~2학년군: 가족 – 우리 가족 이야기 – 가족과 함께 – 가족놀이

활동자료

가족 사진, 물, 물통, 붓, 팔레트, 지점토, 스티로폼 공, 병, 그리기 도구, 나무젓가락, 글루건

활동방법

1) 가족 사진을 보고 이야기를 나눈다.
   - "○○이 가족의 특징은 무엇이니?"
   - "사진 속 ○○이 가족은 무엇을 하고 있니?"
2) 병과 지점토를 활용해 우리 가족 모습을 표현한다.
3) 가족의 모습을 꾸민다.
4) 자신이 만든 가족의 제목을 정한다.
   - "어떤 제목을 정하고 싶니?"
5) 완성된 가족 모습을 친구들과 감상한다.

활동 시 유의점

1) 지점토가 병에 잘 붙도록 물을 묻힌다.
2) 글루건으로 얼굴을 고정할 때 유아가 다치지 않도록 교사가 도움을 준다.

활동평가

1) 가족을 만드는 모습에서 관심을 가지는지 활동과정을 통해 평가한다.
2) 가족 사진을 활용하여 가족의 모습을 다양하게 표현하는지 결과물을 통해 평가한다.

확장활동

1) 미술영역에 다른 유아의 가족과 함께 비치하여 함께 살펴볼 수 있도록 한다.
2) 각자가 만든 결과물을 이용해 가상놀이를 해 본다.

3-19

내가 키우고 싶은 새 만들기

| 주재료: 일회용 접시 |

활동목표	5세 누리과정 관련 요소	창의 · 인성 관련 요소	초등 교육과정 관련 요소
• 일회용품을 이용하여 내가 키우고 싶은 새를 만든다. • 새를 보호하자는 마음을 갖게 한다.	• 예술경험: 예술적 표현하기 – 미술활동으로 표현하기 • 자연탐구: 환경에 관심 갖기 – 환경 보호에 관심 갖고 이해하기	• 창의성: 성향적 요소 – 독립성 • 인성: 생명과 환경에 대한 존중	• 통합 1~2학년군: 학교 – 닭 잡기 놀이 – 학교 가는 길

활동자료

일회용 접시, 공작용 솜뭉치, 색종이, 눈알 스티커, 목공용 풀, 가위

활동방법

1) 참새 관련 동화를 감상하고 자신이 키우고 싶은 새 모양에 대하여 이야기를 나눈다.
   - "새를 본 적 있니?"
   - "새는 어떻게 생겼니?"
   - "어떤 모습의 새를 만들고 싶니?"
2) 새 만들기에 필요한 준비물을 수집한다.
   - "새를 만들려면 어떤 재료가 필요할까?"
   - "새에게 어떤 색을 입히면 좋을까?"
3) 새를 여러 가지 재료를 이용하여 표현한다.
4) 새로 할 수 있는 놀이를 계획한다.

- "어떤 색을 입힌 새를 만들었니?"
- "새를 이용하여 어떤 놀이를 할 수 있을까?"

활동 시 유의점

1) 일회용품을 활용하여 새 만들기에 사용할 수 있도록 한다.
2) 유아가 사용할 수 없는 본드는 미리 붙여 둔다.
3) 새를 만들기에 대해 유아들이 사전 경험을 가질 수 있도록 관련 동화를 들려준다.

활동평가

1) 일회용품을 이용하여 새를 만드는지 평가한다.
2) 여러 가지의 색깔을 사용했는지 평가한다.
3) 일회용품을 이용한 새 만들기에 관심을 갖는지 평가한다.

확장활동

1) 유아들에게 자신이 만든 새에게 이름을 붙여 주도록 한다.
2) 새를 이용한 놀이에 필요한 소품을 만들어 보도록 한다.
3) 세계의 여러 새를 알아보고 우리나라 새와 비교해 보는 활동을 한다.

나만의 크리스마스

| 주재료: 삶은 고구마 |

활동목표	5세 누리과정 관련 요소	창의 · 인성 관련 요소	초등 교육과정 관련 요소
• 고구마 삶는 방법을 알 수 있다. • 고구마에 대해 알 수 있다.	• 예술 경험: 예술적 표현하기 – 미술활동으로 표현하기 • 자연탐구: 과학적 탐구하기 – 물체와 물질 알아보기	• 창의성: 인지적 요소 – 문제해결력 • 인성: 협력 – 개인적 책임감	• 즐거운 생활: 겨울에 볼 수 있는 풍경을 다양한 방법으로 표현한다.

활동자료

삶은 고구마, 식빵, 생크림, 고깔 모양 과자, 검은 깨

활동방법

1) 고구마를 소개한다.
   - "(고구마를 보며) 이것이 무엇인 거 같니?"
   - "이것은 어떤 맛이 나니?"
   - "어떤 모양인 거 같니?"
2) 고구마에 대해 탐색한다.
   - "생김새가 어떠니?"
3) 고구마 삶는 방법을 알아보고 고구마를 삶는다.
   - "고구마를 삶으려면 뭐가 필요한가?"
   - "고구마는 어느 정도 삶을까?"
4) 삶은 고구마를 까 본다.

- “삶은 고구마를 까 보니깐 어떤 느낌이 드니?”

5) 고구마를 뭉쳐 보고 눈사람을 만들어 본다.

- “만지니깐 어떤 느낌이 드니?”

6) 맛을 본다.

- “어떤 맛이 나니?”

활동 시 유의점

고구마를 식히고 아이들에게 준다.

활동평가

아이들이 고구마 삶기에 참여하는지 평가한다.

(아이들이 열심히 하는가?)

(적절하게 참여하는가?)

확장활동

1) 크리스마스에 대해 이야기 나누기

2) 고구마로 만든 다양한 음식 이야기해 보기

3-21 크리스마스트리 만들기

| 주재료: 옷걸이 |

활동목표	5세 누리과정 관련 요소	창의 · 인성 관련 요소	초등 교육과정 관련 요소
• 크리스마스트리에 대해 생각해 본다. • 크리스마스를 상상해 본다.	• 의사소통: 말하기 – 느낌, 생각, 경험 말하기 • 예술경험: 예술적 표현하기 – 미술활동으로 표현하기 • 자연탐구: 탐구하는 태도 기르기 – 호기심을 유지하고 확장한다.	• 창의성: 사고의 확장 – 이야기 상상하기	• 즐거운 생활: 겨울 – 겨울에 볼 수 있는 풍경을 다양한 방법으로 표현한다. • 국어: 쓰기 – 대상의 특징이 드러나게 짧은 글을 쓴다.

활동자료

옷걸이, 나뭇잎, 철끈, 가위, 풀, 딸랑이, 눈 모양 스티커, 털실

활동방법

1) 크리스마스트리에 대해 이야기를 나눈다.
- "크리스마스트리는 어떻게 생겼을까?"
- "크리스마스트리는 크리스마스에 만드는 것으로 하자."
- "어떤 트리를 원하니?"
- "왜 크리스마스에 트리를 만들까?"

2) 옷걸이를 이용해 여러 가지 방법으로 크리스마스트리 모양을 만든다.

- "트리를 한번 만들어 보자."
- "옷걸이로 어떻게 트리를 만들 수 있을까?"
  (옷걸이를 나무 모양으로 만들어 연결한다.)
  (세모 모양으로 만들어 가며 나무를 만든다.)

3) 원하는 색깔의 털실을 자른 후 크리스마스트리에 감는다.
   (트리를 상상하며 감는다.)
4) 각자 만든 크리스마스트리를 소개하고 감상하는 시간을 갖는다.
   - "크리스마스트리에 붙어 있는 것은 무엇이니?"
   - "누구를 위해 만들었니?"
5) 활동을 평가한다.
   - "활동을 하면서 재미있었던 일을 말해 보자."
   - "다른 친구의 작품 중 가장 재미있게 느낀 작품은 무엇이니?"

활동 시 유의점

1) 시간이 많이 들기 때문에 옷걸이는 1~2개로 한다.
2) 교사가 옆에서 도와준다.

 활동평가

1) 크리스마스트리에 관심을 가지는지 평가한다.

(트리에 대해 흥미를 가지고 있는가?)

2) 크리스마스트리를 창의적으로 만들었는지 평가한다.

(크리스마스트리에 꾸미는 장식을 창의적으로 표현하는가?)

3-22 우리 동네 만들기

| 주재료: 털실 |

활동목표	5세 누리과정 관련 요소	창의 · 인성 관련 요소	초등 교육과정 관련 요소
• 자신의 동네 모습에 관심을 가진다. • 자신의 동네에 다양한 건물이 있음을 안다. • 자신의 동네를 다양한 재료로 표현한다.	• 예술경험: 예술적 표현하기 – 미술활동으로 표현하기 • 사회관계: 다른 사람과 더불어 생활하기 – 친구와 사이좋게 지내기	• 창의성: 성향적 요소 – 독립성 • 인성: 협력 – 집단 협력 • 인성: 존중 – 생명과 환경에 대한 존중	• 통합 1~2학년군: 이웃 – 함께 사는 우리 – 우리 가족과 이웃 – 이웃집에 놀러 가요 – 나의 이웃은……

활동자료

연필, 가위, 목공용 풀, 스케치북, 털실

활동방법

1) 우리 동네 사진을 보며 이야기를 나눈다.
   - "여기가 어디니?"
   - "우리 동네엔 무엇이 있을까?"
   - "이곳을 뭐라고 부를까요?"
2) 우리 동네 사진을 감상해 본 느낌을 이야기한다.
   - "우리 동네를 사진으로 보니 어떠니?"
3) 우리 동네에 가 본 경험을 이야기한다.
   - "너희들도 여기 가 본 적 있니?"
   - "그곳에서 무엇을 했니?"

활동 시 유의점

목공용 풀이 손에 달라붙지 않아야 한다.

활동평가

우리 동네에 관심을 갖고 다양한 방법으로 표현할 수 있음을 아는지 평가한다.

(우리 동네 모습에 관심을 가지는가?)

(우리 동네 모습을 다양한 방법으로 표현할 수 있는가?)

확장활동

1) 다양한 재료로 우리 동네 모습을 표현해 보는 놀이로 확장한다.
2) 우리 동네 사람들의 직업을 가지고 역할놀이를 해 본다.

3-23

가족 실내화를 만들어요

| 주재료: 마분지 |

활동목표	5세 누리과정 관련 요소	창의 · 인성 관련 요소	초등 교육과정 관련 요소
• 생활도구의 사용방법을 안다. • 가족 실내화를 재료와 도구를 이용해 창의적으로 만든다.	• 신체, 운동, 건강: 안전하게 생활하기 – 안전하게 놀이하기 • 예술경험: 예술적 표현하기 – 미술활동으로 표현하기	• 창의성: 인지적 요소 – 사고의 확장	• 통합 1~2학년군: 가족 – 우리 집의 규칙과 예절 – 집안일 하기 – 가족놀이 – 우리 가족 모여라

활동자료

가족 사진, 가족 발 사진, 도화지, 색지, 색종이, 사인펜, 색연필, 풀, 가위

활동방법

1) 가족 사진과 가족의 다양한 발 사진을 가리키며 친구들에게 소개한다.
   - "얘들아, 어떤 사진이니?"
   - "가족의 발 크기는 다양하지?"
   - "가족 사진을 보니 어떤 생각이 드니?"
2) 가족 사진과 발 사진을 보며 가족이 어떤 것을 좋아하는지 얘기를 나눈다.
   - "가족들은 집에서 어떤 것을 좋아하니?"
   - "좋아하는 일을 주로 어떤 곳에서 하시니?"
3) 활동자료와 도구를 탐색한다.
   - "이것은 무엇일까?"

- "도화지랑 색종이랑 무엇을 만들 수 있을까?"

4) 가족 실내화 만들기 활동을 소개한다.
5) 실내화에 유아의 이름을 적어 가족 실내화를 완성한다.
6) 완성된 자신의 작품을 친구들에게 소개한다.
   - "만들면서 무엇이 가장 재미있었니?"

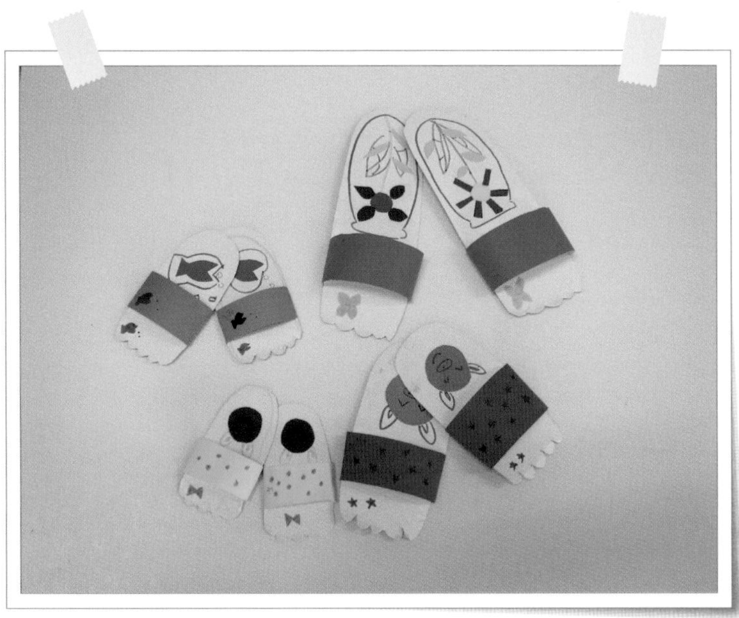

활동 시 유의점

1) 유아들이 자신의 발을 대고 그리는 것이기 때문에 어려움이 있을 수 있다.
   (잘하는 유아도 있겠지만 그렇지 않은 유아가 있다면 서로 도와줄 수 있도록 한다.)
2) 자신이 신을 실내화이기 때문에 발 크기를 정확하게 그리도록 한다.

활동평가

1) 가족 실내화를 창의적으로 표현하는지 결과물을 가지고 평가한다.
2) 가족구성원이 어떤 것을 좋아하고 관심을 가지는지 활동과정을 통해

평가한다.

 확장활동

가족 실내화를 집에 가지고 가서 부모님들과 함께 한번 더 만들어 본다.

참고문헌

고미경(2007). 전문성 향상을 위한 유아교사론. 서울: 창지사.

교육과학기술부(2009a). 유치원 교육과정해설 총론. 서울: 미래엔 컬처그룹.

교육과학기술부(2009b). 유치원 교육과정해설: 표현생활 · 언어생활 · 탐구생활. 서울: 미래엔 컬처그룹.

교육과학기술부(2013). 3세 누리과정 교사용 지도서. 서울: 교육과학기술부.

교육과학기술부(2013). 4세 누리과정 교사용 지도서. 서울: 교육과학기술부.

교육과학기술부(2013). 5세 누리과정 교사용 지도서. 서울: 교육과학기술부.

교육과학기술부(2013). 초등학교 1~2학년군 가족 1. 서울: 교육과학기술부.

교육과학기술부(2013). 초등학교 1~2학년군 봄 1. 서울: 교육과학기술부.

교육과학기술부(2013). 초등학교 1~2학년군 여름 1. 서울: 교육과학기술부.

교육과학기술부(2013). 초등학교 1~2학년군 학교 1. 서울: 교육과학기술부.

교육부(2013). 초등학교 1~2학년군 가을 1. 서울: 교육부.

교육부(2013). 초등학교 1~2학년군 겨울 1. 서울: 교육부.

교육부(2013). 초등학교 1~2학년군 우리나라 1. 서울: 교육부.

교육부(2013). 초등학교 1~2학년군 이웃 1. 서울: 교육부.

교육인적자원부(2005). 유아를 위한 명화감상 활동자료. 서울: 교육인적자원부.

국립교육평가원(1997). 수행평가의 이론과 실제. 서울: 국립교육평가원.

권상구(1994). 아동미술교육. 서울: 미진사.

김미옥, 백숙자(2000). 입체조형의 이해. 서울: 도서출판사 그루.

김병옥(1985). 미적 정조 육성을 위한 조형표현의 지도. 예술교육과 창조, 4, 207-225.

김순혜(1999). 유치원 교사의 성격특성과 역할수행능력 인식과의 관계. 이화여자대학교 대학원 석사학위 청구논문.

김신영 외(2001). 유아교사를 위한 조형활동의 이론과 실제. 서울: 양서원.

김영숙, 신인숙(2009). 상호작용을 통한 명화감상활동이 유아의 미술능력에 미치는 영향.

미래유아교육학회지, 16(1), 165-194.

김영주, 안혜숙(2004). 소집단 협동미술활동이 유아의 정서 지능발달에 미치는 효과. 생활과학논문집, 6(1) 27-41.

김옥경(1985). 유아미술학원의 문제점과 개선방안 연구. 홍익대학교 대학원 석사학위 청구논문.

김은혜(2004). 취학 전 아동의 미술표현 발달을 위한 평면활동 프로그램 연구. 한남대학교 대학원 석사학위 청구논문.

김정(1982). 유아미술지도. 서울: 방송통신대학.

김정(1989). 아동의 미술교육 연구. 서울: 창지사.

김정(1989). 아동회화의 이해. 서울: 창지사.

김춘일(1985). 아동 미술론. 서울: 미진사.

김춘일, 박남희(1991). 조형의 기초와 분석. 서울: 미진사.

김춘일, 윤정방(2007). 아동미술교육. 서울: 미진사.

김향미(2004). 어린이 미술 감상학습의 의미와 특질에 관한 기초적 고찰. 미술교육논총, 18(3), 125-139.

류재만(1996). 유아 미술활동의 표현재료와 용구 사용에 관한 연구. 사범미술교육논총, 4, 245-264.

류지후 외(2001). 유아를 위한 조형 활동의 통합적 접근. 서울: 창지사.

박경애(1985). 취학전 아동의 미술교육 지도방안에 관한 연구: 서울 시내 유치원을 중심으로. 홍익대학교 대학원 석사학위 청구논문.

박금순, 이은순(1995). 아이는 그림으로 말한다. 서울: 여성사.

박승자(2003). 아동미술의 발달단계별 표현유형연구. 한남대학교 대학원 석사학위 청구논문.

박영아, 김영유(2006). 유아를 위한 미술 감상. 서울: 창지사.

박영화(1987). 유아미술교육에 관한 연구: 그리기를 중심으로. 한양대학교 대학원 석사학위 청구논문.

박은혜(2010). 유아교사론. 서울: 창지사.

박정옥, 김수희(2012). 유아미술교육. 파주: 양서원.

박향숙(1994). 유치원교사의 역할지각과 역할수행에 관한 연구. 한국교원대학교 대학원 석사학위 청구논문.

백중열, 오현숙(2006). 교사를 위한 아동미술교육의 이해. 일산: 공동체.

서울교육대학교 미술교육연구회(2008). 미술교육학. 경기도: 교육과학사.

송경섭(1999). 교사의 질문유형이 유아의 미술활동시 만들기 표현에 미치는 영향. 중앙대 대학원 석사학위 청구논문.

송연숙 외(2005). 탐색 · 표현 · 감상의 유아조형활동. 서울: 정민사.

송연숙 외(2006). 개정 교육과정에 따른 유아조형교육. 서울: 파란마음.

신명희(1995). 지각의 심리. 서울: 학지사.

신은수 외(2013). 유아교사론. 서울: 학지사.

신정숙(1989). 교사의 관찰형 질문이 유아의 그리기 표현에 미치는 영향. 중앙대학교 대학원 석사학위 청구논문.

양경희(1997). 21C를 위한 열린 아동미술교육. 서울: 학지사.

양희경(2000). 미술교육의 통합적 접근. 서울: 한국어린이육영회연수원.

염지숙 외(2008). 유아교사론. 경기: 정민사.

오근재(1991). 입체조형과 새로운 공간. 서울: 미진사.

오연주 외(2002). 유아를 위한 미술교육의 통합적 접근. 서울: 창지사.

유봉자(2007). 미술심리치료 기법을 활용한 유아미술교육과정 활동이 유아의 자아존중감과 정서발달에 미치는 효과. 조선대학교 대학원 박사학위 청구논문.

윤민희(2008). 새로운 조형예술의 이해. 서울: 예경.

윤애희, 정정옥(2011). 유아교사를 위한 아동미술의 이론과 실제. 서울: 파란마음.

이규선 외(1994). 미술교육학개론. 서울: 교육과학사.

이소은, 권남기(2011). 아동미술. 파주: 양서원.

이윤옥(1998). 창의적인 유아미술교육. 서울: 교문사.

이정욱, 임수진(2013). 탐색 · 표현 · 감상의 통합적 유아미술교육. 경기도: 정민사.

이정환(1997). 유아의 통합적 미술교육과정. 서울: 창지사.

이종희(2002). 미술교육에 있어서 유아의 창의성에 관한 연구. 대구가톨릭대학교 교육대학원 석사학위 청구논문.

이혜숙(2011). 아동미술교육. 파주: 양서원.

임영서(1998). 유아미술활동: 현장 지도를 위한 이론과 실제. 서울: 정민사.

전성수(2012). 30년 집대성한 뇌 과학 기반 유아미술교육론 유아미술의 이해와 지도. 서울: 형설출판사.

정문자, 지혜련, 이숙재, 김온기(2003). 창의적 유아미술교육. 서울: 신광출판사.

정세레나(1998). 전도식기 아동의 공간 표현 발달단계에 관한 연구: 로웬펠드의 사상을 중심으로. 이화여자대학교 대학원 석사학위 청구논문.

정혜영(1984). 유아의 미술교육과 정서에 관한 연구. 홍익대학교 대학원 석사학위 청구논문.

차동채, 김춘일(1993). 아동미술의 지도와 이해. 서울: 미진사.

최종연(1995). 유아미술지도. 서울: 형설출판사.

한국미술교과교육학회(2004). 유아미술교육학. 서울: 학문사.

한석우(1991). 입체조형. 서울: 미진사.

한숙진(1987). 유아의 미술교육이 정서적 발달에 미치는 영향. 원광대학교 대학원 석사학위 청구논문.
허혜경, 류진순(2013). 개정 유치원 교육과정에 기초한 유아조형교육. 서울: 신정.

쓰지 히로시, 스기야마 아키히로(1986). 조형형태론(김인권 역). 서울: 미진사.

Arnheim, R. (1983). 미술과 시지각(김춘일 역). 서울: 홍성사.
Barnet, S. (1995). 미술품의 분석과 서술의 기초(김리나 역). 서울: 시공사.
Cohen, E. P., & Gainer, R. S. (1992). 아동미술교육의 실제(서울대미술교육연구회 역). 서울: 미진사.
Dilthey, W. (2002). 체험 · 표현 · 이해(이한우 역). 서울: 책세상.
Kellog, R. (1996). 유아의 그림이해를 돕는 유아미술(이인태 역). 서울: 보육사.
Lowenfeld, V., & Brittain, W. L. (2002). 인간을 위한 미술교육: 어린이와 청소년을 중심으로(서울교육대학교 미술교육연구회 역). 서울: 미진사.
Zakia, R. D. (2007). 시지각과 이미지(박성완, 박성조 역). 서울: 안그라픽스.

찾아보기

〈인명〉

〈내용〉

저자 소개

홍수현

부산대학교 미술학과 졸업
부산대학교 대학원 석사(시각디자인 전공)
부산대학교 대학원 박사(애니메이션 전공)
경성대학교 대학원 박사(교육과정 전공)
현 동부산대학교 유아교육과 부교수

3 · 4 · 5세 누리과정 지도교사를 위한
유아미술교육 창작활동

2014년 2월 20일 1판 1쇄 발행
2016년 9월 20일 1판 2쇄 발행

지은이 • 홍수현
펴낸이 • 김진환
펴낸곳 • (주) 학지사
04031 서울특별시 마포구 양화로 15길 20 마인드월드빌딩
대표전화 • 02)330-5114 팩스 • 02)324-2345
등록번호 • 제313-2006-000265호

홈페이지 • http://www.hakjisa.co.kr
페이스북 • https://www.facebook.com/hakjisa

ISBN 978-89-997-0288-4 93370

정가 18,000원

이 도서의 국립중앙도서관 출판시도서목록(CIP)은 서지정보유통지원시스템 홈페이지(http://seoji.nl.go.kr)와 국가자료공동목록시스템(http://www.nl.go.kr/kolisnet)에서 이용하실 수 있습니다.
(CIP제어번호: CIP2014002481)